DESENVOLVA SEUS MÚSCULOS FINANCEIROS

JOAN SOTKIN

DESENVOLVA SEUS MÚSCULOS FINANCEIROS

*Nove exercícios simples para melhorar
sua relação com o dinheiro*

VIDA & CONSCIÊNCIA
EDITORA
GRÁFICA
PROFISSIONAL

TRADUÇÃO: Brazil Translations & Solutions

Título da edição original: Build Your Money Muscles
English edition copyright © 2006.
By Joan Sotkin. All rights reserved.

Direitos da edição em Português © 2009.
Editora Vida & Consciência Ltda.
Todos os direitos reservados.

Direção de Arte: Luiz A. Gasparetto
Coordenação Editorial: Gabriela Nascimento
Preparação e Revisão: Fernanda Rizzo Sanchez
Projeto Gráfico: Marcelo da Paz

1ª edição – março – 2009
5.000 exemplares

Dados Internacionais de Catalogação na Publicação (CIP)
(Câmara Brasileira do Livro, SP, Brasil)

Sotkin, Joan
Desenvolva seus músculos financeiros : "nove exercícios simples para melhorar
sua relação com o dinheiro" / Joan Sotkin ; tradução Brazil Translations &
Solutions. -- São Paulo : Centro de Estudos Vida & Consciência Editora.
Título original: Build your money muscles.
ISBN 978-85-7722-036-6

1. Dinheiro 2. Finanças pessoais 3. Riqueza 4. Segurança financeira I. Título.

08-10838   CDD-332.02401

Índices para catálogo sistemático:
1. Segurança financeira : Finanças pessoais : Economia 332.02401

Publicação, distribuição, impressão e acabamento
Centro de Estudos Vida & Consciência Editora Ltda.
Rua Agostinho Gomes, 2312
Ipiranga – CEP 04206-001
São Paulo – SP – Brasil
Fone/Fax: (11) 3577-3200 / 3577-3201
E-mail: grafica@vidaeconsciencia.com.br
Site: www.vidaeconsciencia.com.br

Sobre a Autora

Joan Sotkin é oradora, treinadora e líder de seminário e mantém um forte acompanhamento on-line por meio de teleconferências e livros eletrônicos, bem como dirigindo grupos de prosperidade e escrevendo um boletim mensal para mais de 100.000 assinantes no mundo todo. Mas as coisas nem sempre foram cor-de-rosa para essa empreendedora. No fim dos anos 80, após transformar Joan's Crystals, seu ponto de vendas por reembolso e a varejo localizado em Venice, Califórnia, em uma empresa lucrativa, ela abriu falência. Oito anos depois, com cinquenta e seis anos, levada a mudar-se para Santa Fé, Novo México, com apenas US$ 200 no bolso, ela começou a afiar seus músculos financeiros. Atualmente, ela recorre às suas décadas de dificuldade financeira, física e espiritual, aliadas à sua perspicácia comercial de ganho árduo, para aconselhar outras pessoas sobre finanças para que elas também possam alcançar uma prosperidade duradoura.

Para o Prosperity Circle de Santa Fé,
por seu apoio e incentivo inspiradores
e disposição de passar a ter novas identidades financeiras.

AGRADECIMENTOS
(EDIÇÃO NORTE-AMERICANA)

Acima de tudo quero agradecer Ellen Kleiner pelo seu encorajamento paciente, conselho empático e edição primorosa, tudo o que foi essencial para a publicação deste livro. Também agradeço muito a ajuda que recebi da assistente de Ellen, Hillary Welles.

Nenhuma dessas informações poderiam ter sido desenvolvidas sem o incentivo dos muitos visitantes do ProsperityPlace.com, bem como meus clientes de treinamento que estavam dispostos a ouvir o que eu tinha a dizer e tentar as diversas técnicas que sugeri. Fui constantemente inspirada por seus feedbacks e disposição de confiar na minha orientação.

O grupo TEC (O comitê executivo) – uma comunidade internacional de diretores executivos – do qual participei em outubro de 2004, e especialmente seu hábil líder Les Samuels, estimulou ainda mais minha expansão, forneceu-me conhecimento prático inestimável, e me deu o suporte e incentivo que eu precisava para seguir adiante com este projeto. É uma honra ter Pam Duncan, Stefan Lark, Charlie Goodman, Stan Singley, Paul Benson, Leon Romero, Jennifer Adelman e Tom Jensen como parte do meu comitê executivo.

SUMÁRIO

Exercício 3. Identificando Padrões Financeiros e Temas Emocionais Latentes 58

Exercício 4. Estabelecendo Metas Alcançáveis 74

Parte II. EM BUSCA DE UMA NOVA IDENTIDADE FINANCEIRA

Exercício 5. Substituindo Pensamentos Financeiros Improdutivos

Exercício 6. Adotando Crenças Financeiras Funcionais **116**

Exercício 7. Cultivando Sentimentos Saudáveis em Relação ao Dinheiro **128**

Exercício 8. Estabelecendo Comportamentos Financeiros Responsáveis **146**

Exercício 9. Melhorando suas Relações Consigo Mesmo e com os Outros — 162

Conclusão. Mantendo Sua Nova Identidade Financeira — 176

Leitura Sugerida — 182

Prefácio

De *senvolva seus músculos financeiros* derivou de técnicas que criei para tirar a mim mesma da disfunção financeira, caracterizada pela baixa remuneração e endividamento compulsivo, a fim de obter meu conforto financeiro. Durante essa transformação, descobri que a única forma para alterar minha condição financeira era passar por mudanças internas correspondentes. Consequentemente, mudei gradualmente minha abordagem em relação à vida e recompus meu conceito sobre quem eu era e meu lugar no mundo. Descobrindo uma conexão significativa entre as emoções e o dinheiro, desenvolvi métodos para utilizá-lo e melhorar minha posição financeira.

Comecei minha busca porque queria entender por que eu tinha tantos problemas em funcionar financeiramente, enquanto meus dois irmãos mais novos conseguiam administrar o dinheiro de forma eficaz. Em 1983, um dos meus irmãos, cansado de me ajudar financeiramente, sugeriu que eu me matriculasse em um curso de Doze Passos. Logo, descobri os Devedores Anônimos[1], onde fui apresentada ao conceito de que eu estava utilizando o endividamento como uma dificuldade emocional e que para entender a causa de minha baixa receita e endividamento eu tinha que examinar as

---

1*Devedores Anônimos: é um grupo de autoajuda que nasceu em 1967, nos Estados Unidos, inspirado nos Alcoólicos Anônimos. Seu objetivo é fazer com que os devedores compulsivos reconheçam seu problema e aprendam a lidar com ele. No Brasil, as reuniões começaram em São Paulo, mas já se estenderam a outros Estados. Para saber onde você encontra os locais de reuniões, consulte o site de busca google (Nota da Revisora).*

emoções ocultas por trás dos meus comportamentos. O programa do DA funcionou bem para mim e em 1984 eu iniciei um negócio de venda por atacado, varejo e venda pelo correio que acabou totalizando mais de US$ 325.000 em seu quarto ano.

Após o falecimento do meu pai, em 1987, no entanto, eu rapidamente voltei aos velhos hábitos, tais como comprar estoque excessivo no crédito, e por fim acumulei uma dívida de U$ 40.000. Menos de um ano depois, fechei o negócio e declarei falência. Percebendo que tinha que examinar mais cuidadosamente minhas emoções e seu efeito sobre meu comportamento financeiro, passei a frequentar o Co-Dependentes Anônimos (CoDA), onde comecei a entender melhor as causas latentes da minha disfunção. Reconheci que eu não tinha sido capaz de sofrer efetivamente pela morte do meu pai e tinha, portanto, criado uma situação que me fez expressar o sofrimento perdendo o negócio que eu amava. Além disso, pude ver que como eu tinha experimentado anteriormente um repentino influxo de uma grande quantia em dinheiro sem o benefício de uma educação financeira, eu tinha sido dominada completamente, o que me levou ao gasto excessivo e às fracas decisões comerciais.

Como resultado da perda do meu negócio, ganhei uma profunda consciência sobre minhas atitudes e comportamentos financeiros e comecei deliberadamente a desenvolver músculos financeiros melhorando recursos internos e externos que eu precisava para me tornar financeiramente saudável e bem-sucedida. Agora entendo que prosperidade não se trata apenas de dinheiro, mas também de sentir-se confortável, satisfeita e segura, e que manter a prosperidade exige tanto uma educação financeira contínua como uma disposição em lidar com as responsabilidades e muitas mudanças que vêm com os bens materiais.

Para compartilhar o que aprendi durante minha transformação, em 1995, desenvolvi um site, ProsperityPlace.com, onde ensino uma abordagem holística para melhores relações com o dinheiro. As milhares de pessoas que visitam o site estão interessadas em aumentar sua renda e promover a abundância em todos os aspectos de sua vida, ainda que a maioria nunca tenha tido um excedente de fundos e muitas estejam endividadas. No site elas aprendem que mesmo com extenso conhecimento financeiro, esquecer de preparar-se emocionalmente para as mudanças da vida que vêm com o aumento da renda, torna difícil tanto construir quanto manter a riqueza.

A teoria por trás de *Desenvolva seus músculos financeiros* é que as finanças de um indivíduo são uma extensão de seu conceito sobre quem eles são e seu lugar no mundo. Gerar e administrar quantias de dinheiro cada vez maiores exige o entendimento de suas finanças nesse contexto, bem como gradualmente no desenvolvimento de habilidades de administração do dinheiro. Os exercícios apresentados neste livro estão divididos em duas seções. A Parte I, "Preparação para a Mudança Financeira", é designada para ajudá-lo a entender a dinâmica por trás de sua atual situação financeira, aumentar seu nível de consciência financeira e estabelecer metas realistas para o seu futuro. A Parte II, "Em busca de uma Nova Identidade Financeira", provê técnicas para alterar suas relações consigo próprio e com os outros e para estabelecer hábitos financeiros saudáveis. Cada Exercício termina com uma série de ações que podem ser praticadas independentemente de maior estabilidade financeira.

Que sua nova rotina de aptidão desperte grupos de músculos há tempos adormecidos e ofereça fortificação contínua na medida em que você altera radicalmente sua posição financeira e desenvolve uma relação mais confortável de fluxo livre e funcional com o dinheiro.

PREPARAÇÃO
PARA A
Mudança
FINANCEIRA

PARTE I

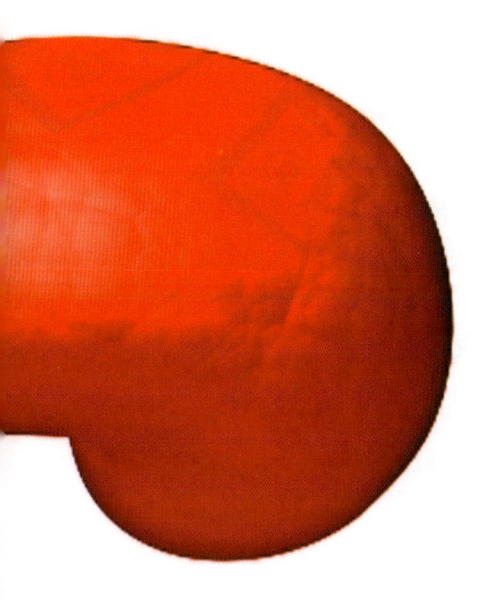

INTRODUÇÃO

Para algumas pessoas é possível gerar e administrar grandes quantias em dinheiro, enquanto para outras é muito difícil conseguir cobrir as despesas básicas. Essa realidade me impulsionou para uma pesquisa quanto à dinâmica que rege o dinheiro e nossa relação com ele. Após anos de estudo, observação e trabalho com centenas de pessoas, comecei a formular respostas. Eu vi que a condição financeira de uma pessoa depende não de fatores externos, tais como quanto dinheiro ela ganha e investe, mas de seu ambiente interno, que inclui quem ela acha que é, como ela pensa e o que ela precisa para expressar-se emocionalmente. Nossa relação com o dinheiro, concluí, reflete mais sobre nossos pensamentos, crenças e sentimentos do que sobre o mundo das finanças.

Com clientes individuais e em grupos que instaurei, consegui testar essa teoria e desenvolver técnicas simples para cultivar uma relação mais feliz com o dinheiro e escolher um caminho financeiro satisfatório. Em vez de focar inicialmente nas habilidades de gerenciamento de dinheiro, examinei e alterei padrões de pensamento, crenças habituais e respostas emocionais, fazendo com que os participantes mudassem seus conceitos sobre si próprios e seu lugar no mundo. Eles gradualmente começaram a adotar novos hábitos financeiros e, quase sem esforço, experimentaram um fluxo de dinheiro mais saudável, já que suas finanças automaticamente refletiam suas novas expressões descobertas de autoestima.

A teoria por trás dos exercícios da Parte I, presume que as situações financeiras não somente acontecem conosco, mas são criadas por nossos pensamentos, crenças e emoções (PCEs) profundamente incrustados e geralmente não expressados. Aceitar essa teoria nos permite ver que condições tais como ser mal pago, ser despedido, enfrentar despesas inesperadas, não ter economias ou perder dinheiro, tudo parece ser causado por circunstâncias externas, que são extensões de nosso mundo interno e nossas relações conosco e com os outros. Os alicerces dessa teoria são que por trás de cada situação financeira existe um conjunto de pensamentos, crenças e emoções (vide figura 1.1), e que as pessoas subconscientemente extraem daí o que elas precisam para dar expressão externa para essa condição interna.

Figura 1.1 O que os pensamentos, crenças e emoções contribuem para sua situação financeira?

Sam, de trinta e cinco anos, devido às suas experiências passadas, acredita que as pessoas não são confiáveis. Como resultado, ao interagir com os outros, Sam frequentemente teme ser trapaceado, enganado ou de outra forma prejudicado, e ele espera ser desapontado, traído e vitimizado, como já foi anteriormente. De acordo com os suportes teóricos desse programa de preparação, a combinação de pensamentos, crenças e emoções de Sam está enviando uma mensagem não-verbal provavelmente para atrair pessoas para sua vida que validarão seus medos e expectativas desarticuladas. Ele, por sua vez, vai mais provavelmente jogar a culpa de sua angústia resultante nos outros, não percebendo que foram seus pensamentos, crenças e emoções que determinaram o fundamento para sua sensação de vitimização. Uma vez que Sam aceite sua situação como uma expressão de seus PCEs escondidos, ele conseguirá reexaminar suas interações com os outros desse novo ponto de vista, fazer um esforço consciente para alterar seus pensamentos, crenças e emoções e promover resultados mais confortáveis.

Quando vista pelas lentes de PCEs não tratados, a situação de Evan, de quarenta e dois anos, é semelhantemente esclarecedora. Quando ele tinha três anos de idade, seu irmão Luke nasceu, destituindo-o do centro das atenções de sua mãe. Evan então descobriu que poderia chamar a atenção de sua mãe sendo desobediente – comportamento que levou à crítica e punição. Em resposta às reações de sua mãe, ele começou a acreditar que havia algo inerentemente errado com ele. Ele frequentemente repetia para si próprio suas palavras de repreensão: "Você nunca faz nada certo", "Você não deveria agir dessa maneira" e "Qual é o problema com você?". Esses pensamentos, acoplados à crença latente de que ele era deficiente em alguma coisa, levaram-no aos sentimentos de vergonha, inadequação e desmerecimento.

Embora desobediente em casa, Evan era um bom aluno e eventualmente recebeu um título em química, após o qual ele aceitou um trabalho em um laboratório de pesquisa. Ao mesmo tempo que gostava de trabalhar no laboratório, ele se considerava mal remunerado e frequentemente estava preocupado em liquidar seu empréstimo estudantil e as faturas do cartão de crédito que estavam se acumulando. Então, três anos após assumir o trabalho, Evan foi demitido e substituído por outro químico. Mais uma vez ele se sentiu envergonhado, inadequado, indigno e agora com problemas financeiros também.

Poderia parecer que o histórico de trabalho e a situação financeira de Evan foram causados por má sorte ou planejamento insatisfatório. Visto da perspectiva dessa teoria, no entanto, foram os PCEs de Evan que criaram a força criativa por trás de seus dramas de emprego e apuros financeiros. Seu conceito sobre si próprio como deficiente e indigno, acoplado às suas autocríticas e sentimentos reprimidos de vergonha, inadequação e desmerecimento, levaram-no inconscientemente a atrair as circunstâncias necessárias para ajudá-lo a expressar sua raiva e ressentimento latente de ter sido substituído anteriormente na sua vida. Desse ponto de vista, sua dispensa, anos sendo mal remunerado e o fardo da dívida que ele carregava, podem todos ser vistos como expressões de sentimentos repreendidos há muito tempo. Assim que Evan aprender a libertar-se de suas emoções inibidas e mudar o tom de seus pensamentos, ele estará preparado para desenvolver uma relação mais sustentadora consigo próprio e não mais precisará ser incomodado com dramas financeiros desconfortáveis. Em resposta, ele provavelmente encontrará um trabalho que pague melhor e administrará seu dinheiro mais habilmente.

Além de aceitar que seus PCEs criam sua situação financeira, Evan também pode se beneficiar entendendo a natureza do dinheiro. Embora ele influencie fortemente a vida das pessoas – afetando decisões sobre moradia, alimentação, lazer, trabalho, plano de saúde, entre outros – o dinheiro sozinho não tem poder. Somente quando utilizado como um meio de intercâmbio o dinheiro adquire potência, e seu uso cria uma relação entre os envolvidos em cada transação (vide figura 1.2). Em outras palavras, o dinheiro representa a energia da relação e a forma como os indivíduos lidam com o dinheiro, que reflete como eles lidam com sua relação consigo mesmo e com os outros.

Figura 1.2 O dinheiro representa a energia passando entre duas pessoas e gera uma relação entre elas.

Problemas financeiros aparentes, então, nunca são sobre dinheiro, mas sempre sobre relacionamentos e relações financeiras, que invariavelmente têm uma base emocional. Desta forma, sentimentos de insegurança financeira, enquanto parecem ser sobre dinheiro, podem de fato representar uma sensação de separação de si próprio com os outros, medo de ser deixado sozinho ou alguma outra preocupação de relacionamento. E a disposição de lidar com essas questões pode impedir que a falta de fundos se torne uma condição crônica ou recorrente.

Karen, de vinte e oito anos, por exemplo, estava constantemente endividada e esforçando-se para receber o suficiente em seu negócio para cobrir suas despesas. Depois de alguns meses, com medo de ter seu serviço interrompido, Karen liga nervosamente para a companhia telefônica e para um serviço público para solicitar mais tempo para pagar suas contas. Seu relacionamento com essas empresas espelhou seu relacionamento com seus pais, para quem ela sempre pedia socorro no seu desastre financeiro. Nessas ocasiões de súplica e choro prolongados, seus pais davam dinheiro a ela com má vontade, depois disso ela se sentia temporariamente menos sozinha e indigna. Quando Karen precisava sentir-se conectada e valorizada, as conversas com o corpo de funcionários da empresa telefônica ou do serviço público eram substituídas por interações com seus pais. Externamente, parecia que ela tinha um problema em gerar dinheiro suficiente, mas por trás disso existia uma relação insatisfatória com seus pais.

Ao entender que para sentir-se conectada e digna ela precisava desenvolver relações saudáveis, Karen fez um esforço em conjunto para aumentar seu círculo de contatos sociais participando de um grupo de caminhada local de solteiros, tornando-se ativa em uma organização da rede de trabalho comercial de mulheres. Um mês depois, ela começou gradualmente a focar-se em sua relação com o dinheiro mantendo melhores registros financeiros, examinando e libertando-se das emoções por trás de seus padrões financeiros e aprendendo sobre gerenciamento de fluxo de caixa para seu negócio. Em um ano, as receitas de Karen melhoraram radicalmente e em retrospecto ela percebeu que as mudanças mais significativas que ela sofreu trouxeram uma sensação de confiança crescente, suporte e amor por si própria, juntamente com novos sentimentos de posse em suas relações com os outros – todos os quais foram refletidos em sua nova relação com o dinheiro.

Assim como Karen utilizava as empresas telefônica e de serviço público para exteriorizar seus problemas de relacionamento com sua família, as pessoas adotam uma variedade de veículos para expressar-se emocionalmente. Solicitar um empréstimo bancário, por exemplo, faz com que muitos tomadores de empréstimo se sintam como uma criança pedindo para um pai mais mesada. Semelhantemente, interações empregado-empregador e cliente-proprietário, embora financeiras por natureza, geralmente reconstituem a dinâmica familiar. Desse ponto de vista, faz sentido que indivíduos que se sentiram desvalorizados quando crianças possam se perceber como mal remunerados ou muito cobrados enquanto adultos.

De maneira interessante, a dívida, que aparece como um estado financeiro, realmente permite que tanto o devedor quanto o financiador expressem emoções escondidas. Os devedores frequentemente abrigam sentimentos de serem controlados, enganados, inadequados, impotentes ou envergonhados, enquanto os financiadores, após adiantarem dinheiro a um devedor, podem sentir-se mais potentes e dominadores do que eles se sentiriam em outras situações. Tanto os devedores como os financiadores, sentem-se menos alienados por causa de sua obrigação financeira e geralmente se beneficiam desses relacionamentos até que sejam capazes de encontrar um meio mais íntimo de expressão emocional.

Na verdade, dinheiro frequentemente representa um aspecto de amor. Pais afetuosamente dão dinheiro para os filhos; doadores apóiam suas instituições de caridade favoritas; e empregadoras dão bonificação como um gesto de carinho e gratidão. Em comparação, dinheiro também pode ser um meio pelo qual as pessoas expressam sua necessidade de amor. Os indivíduos que foram maltratados ou negligenciados quando crianças geralmente expressam em ações sua carência de amor e cultivam um histórico de fundos insuficientes, má remuneração ou pedidos de ajuda para a família, amigos ou empresas de cartão de crédito. Semelhantemente, as pessoas que habitualmente emprestam dinheiro podem estar expressando a necessidade de serem amadas, percebendo que sua generosidade inspirará afeto entre os financiados.

Examinar os sentimentos expressados por meio de suas finanças pode levar a um relacionamento mais satisfatório com o dinheiro. Melhorar seu relacionamento com o dinheiro de forma duradoura, no entanto, exige mudanças de atitudes e comportamentos, o que leva tempo e experimentação. Considerando o dinheiro como um ser com quem você terá interações por toda a vida, você entenderá o valor de aprender a amar, respeitar, cuidar e valorizar o dinheiro e seu lugar em sua vida. Quando você faz isso, o dinheiro assim como as pessoas que você valoriza, será dado a você mais facilmente, introduzindo em sua vida mais alegria e realização.

O programa de preparação de mudança financeira a seguir é fundamentado na teoria de que pensamentos, crenças e emoções criam a realidade e que novos pensamentos, crenças e emoções criam uma nova realidade. Além de oferecer sugestões para o desenvolvimento de habilidades financeiras, os exercícios dirigem-se ao desenvolvimento dessas novas atitudes congruentes com conforto financeiro e descoberta de caminhos alternativos de expressão para PCEs que causam a disfunção financeira. Assim como os exercícios em qualquer programa de levantamento de peso, esses são designados para serem feitos gradualmente e repetidamente por um extenso período de tempo. Imagine uma mulher sedentária de 56 kg que nunca levantou peso e de repente começa a se exercitar com um haltere de 9 kg em cada mão. Ela poderia facilmente distender um músculo ou desistir por frustração e decepção. Igualmente, a maioria das pessoas que busca a literatura sobre a prosperidade espera gerar grandes quantias em dinheiro rapidamente, sem perceber que a prática de "levantar" quantias em dinheiro cada vez maiores é exigida para mitigar as demandas de prosperidade. Existem inúmeras histórias sobre ganhadores de loteria que após alguns anos estão de volta ao lugar de onde saíram ou empreendedores que rapidamente constroem negócios bem-sucedidos somente para vê-los falir. Grandes quantias em dinheiro repentinamente herdadas, recebidas ou ganhas, frequentemente deixam o beneficiário sentindo-se dominado e financeiramente disfuncional pela súbita infusão de fundos.

Com dinheiro, assim como com os halteres, faz sentido desenvolver gradualmente os "músculos" necessários para alcançar seguramente e confortavelmente níveis cada vez maiores de competência. Os exercícios da Parte I vão ajudá-lo a fazer isso, encorajando gradualmente sua consciência e aptidão financeiras enquanto melhoram seu entendimento sobre os bloqueios internos que o impedem de alcançar uma riqueza sustentada. Ao remover esses bloqueios, você naturalmente se tornará melhor equipado para se sustentar e administrar bem o dinheiro – escalando pedras não somente para um futuro financeiro mais cor-de-rosa, mas uma vida mais satisfatória.

CONDICIONANDO-SE

PARA A

Mudança

EXERCÍCIO 1

Se não mudamos, não crescemos.
Se não crescemos, não estamos realmente vivendo.

GAIL SHEEHY

Programas de exercício efetivos incluem condicionar rotinas para auxiliar a adaptação de novos movimentos musculares e desafios mentais. Igualmente, um programa de preparação confiável para aptidão financeira incorpora atividades que ajudam a minimizar os desconfortos envolvidos ao mudar para uma nova posição financeira. Esses desconfortos surgem em grande parte de contatos com resistência. E por causa disso estimulam contínuas mudanças internas e externas, alcançando uma melhor posição financeira que provê ampla oportunidade de resistência.

A maioria dos buscadores de prosperidade, enquanto espera que sua vida melhore significativamente, resiste à mudança porque os padrões financeiros relativamente previsíveis que ele conhece lhe proporcionam conforto. Mas, relutante em suportar o desconforto temporário, ele permanece impedido de alcançar satisfação e liberdade financeira. Felizmente entendendo os fatores que o levam à resistência, conscientemente se prepara para a mudança, portanto, você também pode gradualmente mudar os pensamentos, crenças, emoções e comportamentos habituais que o estão mantendo preso a sua atual posição financeira.

Ameaças Causadas pelo Fator de Identidade

Uma razão principal para a resistência depende do que chamei de Fator de Identidade, um mecanismo interno que protege o conceito de uma pessoa de quem ela é e de seu lugar no mundo. Movendo-se para uma nova posição financeira que pode facilmente ameaçar o sentido de si próprio, freqüentemente o Fator de Identidade é ativado. Quando isso acontece, as pessoas geralmente procrastinam ou retrocedem a velhos comportamentos, protegendo seu estilo de vida familiar a todo custo por medo de que quando finalmente as mudanças desejadas ocorrerem, fiquem se sentindo alienadas, inseguras e confusas.

Sharon, que estava comprometida em sair da dívida e estabelecer hábitos financeiros saudáveis, não estava ciente dos desconfortos potenciais desencadeados pela mudança. Com a ajuda de um consultor de crédito, Sharon criou um plano para eliminar gradualmente sua dívida de cartão de crédito, parar de usar cartões de crédito e manter melhores registros financeiros. Por três meses ela seguiu fielmente o programa e se alegrou com o progresso; mas no quarto mês ela começou a atrasar seus pagamentos e por duas vezes pediu dinheiro a um amigo. Envergonhada, parou de controlar seus gastos e em seis meses estava de volta ao lugar de onde começou, havia aumentado sua dívida, evitava tarefas financeiras e estava vagamente ciente de suas despesas.

Quando ela me ligou pela primeira vez, estava desapontada consigo mesma por sabotar seu progresso. Uma vez que entendeu que estava protegendo sua antiga identidade, entretanto, percebeu que suas ações não eram autossabotadoras, mas autoprotetoras. Ela via isso porque não se reconhecia como uma pessoa que se comportava responsavelmente com o dinheiro, ela havia protegido sua identidade recorrendo aos comportamentos familiares com resultados mais previsíveis. Com o tempo, ela aprendeu como superar totalmente o desconforto imposto pelos comportamentos mudados e começou a desenvolver novos PCEs, os quais a ajudaram a se comprometer novamente com seu plano financeiro.

Além de ameaçar o autoconceito de uma pessoa, a mudança significativa também pode afetar relacionamentos de colegas e familiares. Uma vez que as pessoas conhecem você como a pessoa que uma vez você foi, qualquer mudança nas suas atitudes ou comportamentos exige que elas respondam a você de forma diferente, e conseqüentemente sofram uma mudança delas próprias. Amigos ou membros da família que não são acessíveis a mudanças podem tentar impedir seu progresso – uma situação que provavelmente aumentará seu desconforto fazendo-o ficar com medo de ser abandonado. Felizmente, ao condicionar-se para a mudança, você verá que estar sozinho não é inevitável. Você pode sempre redefinir relacionamentos anteriores com amigos e familiares, e também desenvolver novos relacionamentos com pessoas que refletem a mudança do seu jeito de ser, que invariavelmente surgem na sua vida.

Aceitando os Movimentos Estúpidos

Iniciando um movimento para uma nova posição financeira alterando os PCEs e comportamentos habituais pode ser desorientador no início, porque o itinerário e o resultado são ambos incertos. Se você já mudou de uma residência para outra, provavelmente experimentou o que chamo de "movimentos estúpidos". Os sintomas incluem sentir-se oprimido, confuso, sozinho, perdido e provavelmente colocar coisas fora de lugar ou tomar decisões imprudentes. Assim que você se adapta ao seu ambiente após se mudar para uma nova casa, no entanto, os desconfortos causados pelos PCEs e comportamentos financeiros alterados gradualmente diminuirão. Aceitando os movimentos estúpidos como um sinal de progresso em relação a uma nova posição financeira você pode reduzir sua duração e ajudar a impulsioná-lo.

Aos cinqüenta e quatro anos, Larry estava pronto para redefinir seu relacionamento com o dinheiro. Embora ansiasse pela estabilidade financeira, ele sentia-se preso à sua dívida e envergonhado por sua incerteza sobre as finanças. Quando ele começou a trabalhar comigo, concordou em parar de usar seus cartões de crédito, e seguir um plano de gastos que criei, controlando tudo o que gastava. Após apenas duas semanas, ele se sentiu ansioso e desorientado e confessou dois surtos de compulsão alimentar. "Eu tenho um caso intenso de movimentos estúpidos", ele lamentou. "Eu me sinto bem em fazer o que estou fazendo, mas tenho dificuldades para decidir no que gastar meu dinheiro. Tenho muito medo de cometer um erro e gastar demais. E quando estou escrevendo meus gastos do dia, sinto como se alguém estivesse no meu corpo. Não estou acostumado a me comportar dessa maneira."

Finalmente, tranqüilizado de que os desconfortos passariam, Larry concordou em continuar com os novos comportamentos. No fim de outras duas semanas, ele me disse que a desorientação e a indecisão foram gradualmente diminuindo e seus novos comportamentos pareceram mais naturais. Mesmo assim, toda vez que Larry iniciava um novo comportamento, tal como guardar parte do dinheiro do salário, ele tinha pontadas de desorientação. Mas como entendeu que os movimentos estúpidos indicavam progresso e passariam logo, manteve-se disposto a passar por essa experiência.

Ações

As ações a seguir são designadas para auxiliar na superação da resistência e podem ajudar a condicioná-lo para a mudança, expandindo sua autoconsciência. Seja paciente enquanto faz mudanças. Adapte-se também para as pequenas mudanças antes de tentar as grandes. A qualquer momento que você sentir uma sensação de resistência, evite criticar-se; em vez disso, relaxe e prepare-se para renovar seus esforços.

1. Crie um diário de prosperidade

Um diário de prosperidade é um local ideal para definir sua situação atual e controlar seu progresso conforme você desenvolve seus músculos financeiros. Use-o também para registrar seus medos ou resistências, afirmar seus sucessos, fazer notas de dúvidas que surgirem ou expressar suas reações à mudança. Datar cada registro facilita uma análise posterior de suas observações.

2. Encontre um companheiro de prosperidade

Conseguindo a ajuda de um amigo para trabalhar junto, você pode aumentar a motivação para minimizar os desconfortos e fazer seu progresso para uma nova posição financeira mais agradável. Escolha alguém com quem você se sinta confortável para compartilhar informações pessoais. Combinem de trocar experiências uma ou duas vezes por semana por um período de tempo especificado, tal como trinta minutos por sessão, divididos igualmente entre vocês. Idealmente, as sessões deverão ocorrer pessoalmente ou por telefone para permitir feedback imediato. Durante cada uma, faça rodadas observando o progresso feito desde a última sessão, descrevendo os desconfortos experimentados, tais como alienação ou desorientação, solicitando feedback se desejado, e declarando o que você fará antes da próxima sessão. Evite julgar o comportamento do seu companheiro ou dar conselho não solicitado, o que pode somente levar ao conflito. Em vez disso, incentive-o, elogiando seu progresso.

Para casais, é uma boa idéia selecionar companheiros de prosperidade fora do relacionamento, especialmente se as discussões financeiras tendem a ser emocionais. Vocês podem trabalhar seus problemas monetários juntos, mas ter alguém de fora como confidente é incetivar cada um de vocês a ser mais honesto em relação aos seus esforços pessoais.

As pessoas que utilizam um sistema de companheirismo tendem a progredir mais rapidamente do que aquelas que não o utilizam. Compartilhar informações sobre comportamento financeiro, uma prática incomum, abre novos caminhos de expressão autêntica para os participantes e freqüentemente os liberta da vergonha considerável associada aos hábitos financeiros.

3. Defina sua identidade financeira

Sua identidade financeira, que pode facilmente sentir-se ameaçada pela mudança, é composta de seus pensamentos, crenças, emoções, comportamentos e seu relacionamento com o dinheiro. Ganhar clareza sobre sua identidade financeira pode auxiliá-lo em reconhecer sinais de resistência para a mudança financeira e a lidar com a desorientação que pode ocorrer conforme sua posição financeira avança.

Para começar, seguindo o formato apresentado na figura 1.1, trace o perfil de cada componente de sua identidade financeira, como você a entende, em seu diário de prosperidade, deixando espaço para futuros registros. Informações valiosas podem ser extraídas ouvindo declarações que você repetidamente faz sobre suas finanças, especialmente aquelas que começam com "eu", tais como: "Eu nunca vou ter dinheiro suficiente" ou "Eu me sinto preso". Ao listar seus comportamentos, note se você evita assumir riscos financeiros ou se tende a ser mais confiante. Você é generoso ou propenso à mesquinhez? Você tem uma perspectiva positiva ou negativa em relação ao seu futuro financeiro?

4. Faça uma pequena mudança externa

Alterando intencionalmente um comportamento relativamente significativo e observando suas respostas interiores você poderá se adaptar aos novos comportamentos financeiros. Aqui estão algumas possibilidades:

- Coloque sua escova de dentes em um local diferente.
- Pegue uma rua desconhecida para um destino que você freqüentemente precisa ir.
- Levante alguns minutos mais cedo do que o habitual ou fique acordado até um pouco mais tarde.
- Assista a um canal de notícias diferente.
- Leia uma revista que você nunca viu.
- Substitua um pedaço de bolo por um lanche mais saudável.
- Sorria para alguém que você não conhece.
- Vá para um encontro no qual você estava pensando em participar.
- Inverta o rolo de papel higiênico em seu banheiro.
- Coma uma comida que você nunca experimentou.
- Use uma marca diferente de combustível.
- Faça compras em um supermercado que você nunca freqüentou.
- Ouça uma música nova.
- Fale com alguém que você estava evitando.

Repita a nova ação diariamente até se sentir confortável com ela. Perceba todo e qualquer sentimento de desorientação e quanto tempo você leva para se adaptar à mudança. Para algumas pessoas o desconforto dura somente alguns dias, considerando que para outras pode levar semanas. Após estabelecer sua paz particular, você será capaz de predizer com alguma certeza por quanto tempo as ameaças de identidade e os movimentos estúpidos persistirão conforme você inicia mais comportamentos novos.

Minha identidade financeira

Pensamentos	Eu gostaria de ter mais dinheiro. Se ao menos pudesse emprestar dinheiro dos meus pais. Minhas finanças são uma desordem. Por que eu não consigo o que quero? Estou quebrado. Eu odeio ter de pensar tanto em dinheiro. Eu não sei me virar com o que ganho.
Crenças	Eu não mereço ter muito dinheiro. Todo mundo ganha uma renda decente, menos eu. Se eu ganhar um dinheiro extra, eu não saberei o que fazer com ele. Eu não sou muito bom com o dinheiro.
Emoções	Quando se trata de dinheiro, eu me sinto frustrado, indigno, inadequado, infeliz e medroso.
Comportamentos	Eu não sou bom em manter registros financeiros. Eu não sei para onde todo meu dinheiro vai. Eu continuo usando meus cartões de crédito, embora eu saiba que não deveria. Eu deixo minhas contas se acumularem sem olhar para elas. Eu às vezes esqueço de pagar minhas contas.
Relacionamento com o Dinheiro	Conflituoso, inseguro, deficiente.

Figura 1.1

5. Mude um comportamento financeiro

Para condicionar-se ao crescimento financeiro, tome uma pequena medida para gerenciar seu dinheiro de forma diferente. As possibilidades incluem o seguinte:

• Escreva quanto dinheiro você ganha e gasta em um dia.

• Pague as contas de uma semana em dia.

• Pare de usar seu cartão de crédito favorito.

• Economize o dinheiro que você normalmente gastaria, mesmo que seja apenas um real por semana.

• Dê algum dinheiro.

• Passe um dia sem gastar dinheiro.

Conforme você faz essas mudanças, perceba os seus sentimentos e registre-os em seu diário de prosperidade. Se você estiver ciente do desconforto, mas incapaz de associá-lo a sentimentos em particular, por hora somente documente o desconforto.

6. Examine qualquer resistência à mudança financeira

Se você resistiu em praticar a ação anterior, faça a você essas perguntas:

• Como fazer uma mudança financeira afetará meus sentimentos sobre mim mesmo?

• Qual é o medo que pode acontecer se eu alcançar sucesso financeiro?

• Sentir-me financeiramente seguro ameaçará meu conceito de mim mesmo? Alterará meus relacionamentos com mais colegas ou familiares?

• Minha prosperidade significa traição a um colega ou talvez deslealdade com um membro da família?

7. Trabalhe com uma "palavra de força"

O subconsciente aceita o que é dito e utiliza essas crenças para gerar resultados. Se você disser ao seu subconsciente que a vida oferece oportunidades, você terá oportunidades; diga-lhe que você nunca consegue o que quer e o desapontamento prevalecerá. Crenças contraditórias, no entanto, podem causar tanto interferência como resistência à mudança. Por exemplo, se eu disser ao meu subconsciente que estou experimentando um fácil fluxo de caixa, embora eu abrigue uma crença conflitante de que é difícil conseguir dinheiro, não importa quão freqüentemente eu reforce minha percepção de um fácil fluxo de caixa, ele será obstruído. Igualmente, medo ou qualquer outra emoção desconfortável que eu venha a ter sobre os efeitos de um fácil fluxo de caixa poderia também dificultar um resultado positivo. Felizmente, já que o subconsciente acredita e age de acordo com o que é dito, pode ser ensinado a se libertar de velhas crenças e emoções prejudiciais e atravessar a resistência.

Para aproveitar a participação de seu subconsciente conforme você condiciona seus músculos financeiros, pratique a seguinte técnica – um método baseado na abordagem Be set free fast (BSFF) [Liberte-se Rapidamente] –, desenvolvida pelo psicólogo Larry Nims. Primeiro, escolha o que eu chamo de "palavra de força", que pode ser qualquer palavra ou frase curta que diferentemente da palavra dinheiro, talvez, não tenha uma carga emocional forte para você. Minha "palavra de força" é excelente. Exemplos de termos que meus clientes de treinamento utilizaram incluem: Shazam, Liberdade, Paz, Faça e Vá em frente, garota.

A seguir, leia a seguinte declaração em voz alta para alertar seu subconsciente para os resultados que você gostaria que ele apresentasse.

Subconsciente, toda vez que eu noto um problema, desconforto, crença ou comportamento do qual eu pretendo me libertar, você empregará a palavra de força para eliminar todas as raízes do problema, desconforto emocional, crença ou comportamento. Você também aplicará essa palavra de força para estabelecer qualquer declaração de intenção, afirmação ou nova crença que eu fizer. A palavra de força que vou utilizar é _____ _____.

Se mais tarde você decidir trocar sua palavra de força, repita a declaração e conclua dizendo: "Subconsciente, agora vou usar a palavra de força _____."

Este método recorre à palavra de força para dar sugestões ao subconsciente a fim de se libertar de hábitos disfuncionais e estabelecer outros funcionais. Uma declaração de libertação a ser seguida de sua palavra de força, pode incluir qualquer uma dessas: "Eu me liberto da crença de que não posso mudar", "Eu me liberto de minhas expectativas de fracasso", "Eu me liberto do meu medo de mudança", "Eu me liberto da minha necessidade de me criticar" ou "Eu me liberto da minha necessidade de procrastinar."

O estabelecimento de uma intenção, afirmação ou nova crença, também seguida de sua palavra de força, articula sua disposição e desejo de adotar um hábito mais funcional. Uma declaração de intenção pode ser da seguinte forma: "Eu estou disposto (quero, permito-me) a mudar minha relação com o dinheiro". Uma declaração de afirmação, que apresenta uma condição ou estado de ser como se já tivesse em existência, seria expresso como uma declaração "Eu estou", tal como "Eu estou confortável com a mudança". Uma declaração de nova crença, por outro lado, seria expressada como um resultado que você é capaz de alcançar, tal como "Eu posso melhorar minha posição financeira". Também é possível combinar um estabelecimento de esperança com uma libertação utilizando sua palavra de força após uma declaração de libertação, como em "Eu desisto de estar preso e manifestar liberdade".

Qualquer seqüência que você preparar para libertar-se de um hábito e estabelecer outro, deve ser fácil para realizar e tornará seus efeitos intimamente conhecidos. Simplesmente repita cada declaração e sua palavra de força, adicionando mais declarações conforme necessário, até que você observe uma evidente diminuição de tensão ou sensação geral de bem-estar. Ao utilizar sua palavra de força para libertar-se de uma emoção desconfortável recorrente, foque-se na emoção e repita sua palavra de força até que o sentimento se dissipe.

Para superar a resistência apresentada pelos movimentos estúpidos, você poderia trabalhar com uma seqüência como essa:

• Eu me liberto da necessidade de sentir-me preso aos movimentos estúpidos. (Palavra de força.)

• Eu me liberto da minha necessidade de resistência. (Palavra de força.)

• Eu me liberto do meu medo de mudança financeira. (Palavra de força.)

• Eu estou disposto a lidar com as conseqüências de seguir em frente. (Palavra de força.)

• Eu me permito desfrutar da mudança de minha posição financeira. (Palavra de força.)

• Eu posso fazer essas mudanças e ainda me sentir seguro. (Palavra de força.)

• Eu posso fazer essas mudanças e não me sentir sozinho. (Palavra de força.)

• Estou confortável com a mudança. (Palavra de força.)

• Eu me liberto da minha resistência e evidente mudança. (Palavra de força.)

Por outro lado, para superar os impedimentos apresentados em resposta a uma ameaça de identidade, você pode alcançar melhores resultados com esta seqüência:

• Eu me liberto da minha necessidade de manter minha identidade atual. (Palavra de força.)

• Eu me liberto do meu medo de criar uma nova identidade financeira. (Palavra de força.)

• Eu me liberto do medo de ser incapaz de mudar meus comportamentos financeiros. (Palavra de força.)

• Eu quero mudar a forma como lido com o dinheiro. (Palavra de força.)

• Estou disposto a passar pelos desconfortos dessa mudança. (Palavra de força.)

• Sou capaz de lidar mais confortavelmente com dinheiro. (Palavra de força.)

Usar sua palavra de força desta forma vai lhe dar uma sensação de controle sobre hábitos amadurecidos que possam estar obstruindo seu progresso financeiro. Na verdade, isso freqüentemente diminuirá ou eliminará a carga emocional que causa o bloqueio.

Convidando seu subconsciente para participar da mudança de sua posição financeira substituindo os pensamentos, crenças, emoções e comportamentos de autoderrota por outros construtivos. Dessa forma, ele serve como uma potente força condicionadora. Conforme as necessidades, esse método pode, independentemente, eliminar barreiras para a mudança progressiva e para a eventual prosperidade.

...você também pode gradualmente mudar os pensamentos, crenças, emoções e comportamentos habituais que o estão mantendo preso a sua atual posição financeira.

Desenvolvendo a
Consciência
Financeira

EXERCÍCIO 2

É necessária uma grande quantidade de coragem e cautela para fazer uma grande fortuna, e quando você a tem, é necessário dez vezes mais habilidade para mantê-la.

RALPH WALDO EMERSON

Sérios fisiculturistas freqüentemente aprendem sobre o funcionamento de vários grupos musculares, a fisiologia da massa muscular e os equipamentos de exercícios disponíveis para desenvolvê-la. Igualmente, desenvolver "fortes músculos" financeiros exige conhecimento sobre o mundo financeiro, sobre formas de acumular receita e sobre ferramentas úteis para a gestão financeira – em resumo, consciência financeira.

Para entender como fazer, aumentar e administrar o dinheiro é necessário um alicerce para adquirir força financeira, definido por um fluxo de caixa resistente, fundos excedentes e investimentos bem-sucedidos. Mas, ironicamente, muitas pessoas que anseiam por esse tipo de força esquivam-se em aprender sobre as técnicas de gestão de finanças e dinheiro. Muito freqüentemente, sua hesitação pode ser traçada para obstáculos na forma de atitudes e comportamentos fortificados que, uma vez descobertos, são facilmente removidos.

Superando as Incertezas Financeiras

O obstáculo que ocorre mais freqüentemente é uma condição que eu chamo de "síndrome da incerteza financeira" (SIF) [FVS – Financial Vagueness Syndrome], que é caracterizada por não manter registros financeiros, evitar reconciliação com talão de cheque, deixar contas fechadas, cheques sem fundo e gastar além dos limites do cartão de crédito. Os sintomas da SIF incluem medos generalizados sobre não ter fundo suficiente para cobrir cheques ou cumprir obrigações financeiras, incapacidade de gerar excedentes, perpetuar constantemente sobre seu dinheiro ter acabado e preocupações econômicas sobre o futuro.

Se você rotineiramente apresenta sintomas de SIF, entenda que provavelmente precisa de hábitos estabelecidos para lidar com dinheiro e com o mundo financeiro. Perceba também que como os indivíduos freqüentemente correlacionam seu valor como pessoa com a quantia de dinheiro que eles têm, lidar com finanças pessoais pode automaticamente desencadear emoções desagradáveis. Para evitar esse tipo de reação, você pode estar inconscientemente evitando enfrentar os números associados às suas finanças. Pior, com escolas públicas raramente ensinando finanças pessoais, você pode estar entre a multidão de pessoas que não têm familiaridade com a linguagem do dinheiro, o que leva ao constrangimento de pedir ajuda.

Seja qual for a causa latente para sua SIF, reconheça a natureza temporária do desconforto que acompanha a clareza não-habitual sobre as finanças. A maioria das pessoas com quem trabalho descobre juntamente com sua redução da SIF, um novo sentido de segurança, estabilidade e confiança em sua habilidade de sustentar a riqueza. O desconforto passageiro que vem ao prestar mais atenção às finanças pode ser comparado aos músculos doloridos que resultam de um novo programa de exercício.

Os Méritos de Enfrentar a Resistência

Muitas pessoas que lutam com a SIF, resistem em desenvolver consciência financeira mesmo reconhecendo seu valor. Os pontos mais comuns de resistência envolvem atividades que esclarecem a imagem financeira própria de alguém, porque essas atividades podem estimular pensamentos e emoções associados às indiscrições ou condições financeiras passadas, tais como baixos rendimentos ou dívida excessiva. A resistência também prevalece entre as pessoas que, novas no mundo das finanças, tentam aumentar seu conhecimento sobre ele mergulhando em jornais, livros e na mídia. A linguagem das finanças pode ser confusa e perturbadora para alguém não familiarizado com suas nuances. Aceitando essa resistência como normal, um indivíduo aplicado no aumento de sua consciência financeira pode progredir rapidamente para uma posição de força financeira.

Naomi, aos quarenta e oito anos, sabia sobre a importância de tomar conta de seu dinheiro, porque sua amiga Sheila havia recentemente sido submetida a um tratamento de câncer de mama e ficara sem dinheiro, convencendo Naomi a estabelecer reserva para si própria. Apesar de suas nobres intenções, entretanto, Naomi continuou cega em relação aos procedimentos de administração de dinheiro, incluindo a poupança e as opções de investimento disponíveis para ela em seu local de trabalho. Logo depois que começamos a trabalhar juntas, ela admitiu que o simples pensamento de olhar seu perfil monetário lhe dava "arrepios", porque ela tinha tomado fracas decisões financeiras no passado, inclusive emprestando dinheiro para amigos que nunca a pagaram.

Não levou muito tempo para Naomi se animar com a idéia de que sua resistência era uma conseqüência natural do constrangimento pelas escolhas anteriores, e que ela poderia superar isso se tornando mais observadora financeiramente. Imediatamente, ela começou a controlar seu dinheiro. Então, pediu a um colega de trabalho que lesse, toda manhã no escritório, o Wall Street Journal, e a informasse sobre situações financeiras no fim do dia. Para sua surpresa, ela gostou das histórias e dicas de administração de dinheiro da seção Diário Pessoal. Algumas vezes, ela compartilhava sua empolgação no dia seguinte com seu colega de trabalho, embora de forma um pouco desajeitada, abrindo caminho para discussões interessantes.

Naomi logo percebeu que tomar pequenas medidas no mundo financeiro era alterar seu autoconceito. Ela via a si mesma mais madura e responsável e, quase sem esforço, começou a gastar dinheiro com mais entendimento de como isso afeta seu fluxo de caixa. Quatro meses depois que começamos a trabalhar juntas, ela abriu uma conta poupança na qual colocava 5% de seus rendimentos, eventualmente colocava até 10%. Sempre que entrava em um estado de desorientação, voltava novamente sua atenção para a meta de estabelecer uma reserva confortável para si própria. Os esforços foram tão bem-sucedidos que ela não somente manteve-se no planejamento com contribuições para sua poupança, como também conseguiu viajar para a França para comemorar seu aniversário de cinqüenta anos.

Consciência Financeira e o Fator de Identidade

Consciência financeira leva a resultados efetivos por causa da sua capacidade de pressionar uma pessoa além da resistência apresentada pelo Fator de Identidade e para uma identidade estendida. Ao se tornar financeiramente consciente, um indivíduo que previamente teve pouca compreensão sobre sua posição financeira ou do mundo financeiro pode começar a pensar sobre as formas mais práticas de manipular suas contas pessoais ou até mesmo fazer uma incursão no mundo do investimento. Com o aumento da consciência, uma antiga atitude imprudente em relação a liquidar sua dívida ou economia de dinheiro pode se transformar em comportamentos mais adultos, tais como seguir um plano de gastos ou construir economias.

Conforme esses ou outros comportamentos desconhecidos emergem, você pode sentir-se temporariamente desorientado, especialmente quando confrontado por amigos ou membros da família que não se relacionam com seu recém-descoberto conhecimento e sentido de responsabilidade fiscal. Pode ser tentador responder defensivamente à sua provocação ou desrespeito, ou retroceder aos velhos hábitos em prol de restabelecer relações familiares. Muitas pessoas optam por isso em vez de evitar assumir reações de outras pessoalmente e em vez de melhorar essas relações.

Sua relação com o dinheiro reflete seu relacionamento consigo mesmo. Isso significa que um aumento de consciência sobre suas finanças pessoais espelha um profundo conhecimento de como você tem tratado a si próprio e interagido com o mundo à sua volta. Com esse conhecimento, você estará equipado para fazer escolhas mais sustentadoras e avançar para uma posição de força financeira cada vez mais satisfatória.

Ações

Cada uma dessas ações é designada para promover melhor a consciência financeira. Introduza-as gradualmente na sua rotina normal, idealmente à taxa de uma ou duas vezes por semana. Muitas pessoas notam que conforme sua consciência aumenta, não somente começam automaticamente a fazer mudanças, como novas oportunidades de crescimento aparecem.

1. Estabeleça um *benchmark*

O uso do formulário de patrimônio líquido pessoal a seguir (vide figura 2.1) vai ajudá-lo a estabelecer um *benchmark* para medir seu progresso enquanto desenvolve sua consciência para as realidades financeiras. Para começar, faça uma cópia do formulário, então coloque os dados apropriados e armazene a declaração completa em seu diário de prosperidade para futuras consultas. Conforme você preenche os números, não se esqueça de que ninguém o está julgando por eles, exceto, talvez, a voz crítica de sua cabeça. Se em um primeiro momento você resistir em determinar seu patrimônio líquido, investigue sua hesitação, utilizando as percepções resultantes para superar a incerteza financeira. Em qualquer caso, compartilhando sua experiência sobre essa ação com um companheiro, você pode minimizar o desconforto.

Patrimônio Líquido Pessoal	
Ativos	
Dinheiro em mãos	R$
Dinheiro (poupança)	R$
Dinheiro (movimento)	R$
Contas de mercado financeiro	R$
Certificados de depósito	R$
Ações	R$
Títulos de dívida	R$
Fundos mútuos	R$
Contas de aposentadoria	R$
Vestimenta (valor de mercado)	R$
Jóias (valor de mercado)	R$
Mobília	R$
Recebíveis	R$
Automóveis	R$
Outros veículos	R$
Lar ou residência pessoal	R$
Outros bens imóveis	R$
Valor em dinheiro de seguro de vida	R$
Outros	R$
Total de Ativos	R$

Figura 2.1

Passivos	
Total da dívida do cartão de crédito (do formulário a seguir)	R$
Prestação da casa	R$
Outras prestações	R$
Empréstimo garantido por prestação da residência	R$
Empréstimo(s) de automóveis	R$
Outros empréstimos pendentes	R$
Contas pendentes	R$
Passivo fiscal	R$
Outros passivos	R$
Total de Passivos	R$

Dívida do Cartão de Crédito			
Empresa	**Conta nº**	**% de juros**	**Saldo**
			R$
			R$
			R$
			R$
			R$
			R$
Total da Dívida do Cartão de Crédito			R$

Total de Ativos – Total de Passivos = Patrimônio Líquido	
Total de Ativos	R$
Total de Passivos	R$

2. Defina sua relação com o dinheiro

Ao definir sua relação com o dinheiro, ela pode ser menos assustadora, apesar de igualmente informativa. As declarações a seguir devem servir como ponto de partida. Tire cópia delas, tique as que se aplicam a você, adicione quaisquer declarações adicionais que venham na mente, date e armazene a lista completa em seu diário de prosperidade.

– Eu estou financeiramente confortável e invisto meu excedente.

– Eu estou financeiramente confortável e invisto meu excedente, mas gostaria de ganhar mais.

– Eu tenho dinheiro suficiente para atender as minhas necessidades e me divertir, mas não o suficiente para investir no futuro.

– Eu ganho dinheiro suficiente para pagar todas as minhas contas e não me endividar, mas não há o suficiente para extras ou poupança.

– Eu sou muito cuidadoso com meu dinheiro e tenho o suficiente para satisfazer minhas necessidades, mas gostaria de ser mais desprendido disso.

– Eu sou muito mesquinho com meu dinheiro e odeio gastá-lo.

– Eu ganho o suficiente para cobrir minhas despesas atuais, mas não minhas obrigações do passado, tais como empréstimos estudantis e dinheiro emprestado de amigos.

– Eu geralmente gasto mais do que ganho em um mês e uso cartões de crédito para compensar o déficit.

– Eu trabalho para mim mesmo e sempre tenho medo de ficar sem dinheiro.

– Eu geralmente não tenho dinheiro o suficiente para pagar minhas contas mensais.

– Estou profundamente endividado e não consigo me ver fora disso.

– Não estou ganhando tanto quanto sou capaz.

– Eu não gosto de pagar impostos e nunca declaro meus rendimentos verdadeiros.

– Eu faço muitas compras e geralmente compro coisas que não preciso.

– Eu freqüentemente empresto dinheiro para outras pessoas.

– Eu empresto dinheiro para as pessoas que não me devolvem.

– Eu raramente faço balanço do meu talão de cheques.

– Eu não tenho certeza de quanto eu devo aos credores.

– Quando eu sinto um impulso de comprar alguma coisa, faço isso imediatamente.

– Eu me sinto envergonhado pela forma que lido com o dinheiro.

– Eu não sei o suficiente sobre investimentos.

– Eu acho o tópico sobre investimentos financeiros muito chato.

– Dinheiro não é importante para mim.

3. Controle seus gastos e rendimentos

Comece a controlar seu dinheiro carregando uma pequena agenda ou caderno com você e anote tudo o que ganha e gasta, incluindo pequenos trocados como moedas para eventuais gastos. Por hora, simplesmente registre a descrição e o valor de cada transação, sem somá-las. Depois, pelo menos três vezes por semana, insira em seu software financeiro todos os rendimentos, bem como todos os cheques emitidos e gastos com cartão de crédito acumulados.

Se você enfrentar resistência em controlar seu dinheiro, observe suas reações. Muitas pessoas que adiam para começar, por exemplo, punem-se por não fazer o que "deveria" ser feito. Se você também adia e começa travando um diálogo interno crítico, repare nos seus pensamentos e emoções, insira-os em seu diário de prosperidade e também os compartilhe com seu companheiro de prosperidade para difundir a carga emocional.

4. Preste atenção às notícias financeiras

Desenvolver consciência financeira significa vir a entender não somente sua própria imagem financeira, mas também o funcionamento do mundo financeiro. Tão tentador quanto pode ser ignorar quando você ouvir notícias financeiras, treinar a si mesmo para prestar atenção nelas vai ajudá-lo a tomar melhores decisões financeiras. Por prazer, pense nas notícias financeiras como histórias de interesse humano em que os personagens são empresas, gerentes, funcionários e clientes. Você poderia começar dando uma olhada nas manchetes, na seção comercial de seu jornal local ou em um ou mais sites financeiros. Quando você encontrar uma manchete que lhe interesse, leia o artigo com a mente aberta. Ler jornais nacionais ou revistas com conteúdos de finanças podem ajudá-lo a eliminar a confusão sobre o mundo financeiro.

5. Aprenda sobre ferramentas financeiras

Para avaliar os equipamentos para desenvolver os músculos físicos, você pode ir a uma loja de artigos esportivos ou a uma academia onde poderia experimentar vários aparelhos de exercícios e pesos. Você pode também querer entrevistar personal trainers ou o corpo de funcionários do clube de saúde para ver como eles podem ajudar em seu programa de desenvolvimento muscular. Os equipamentos correspondentes necessários para desenvolver músculos financeiros podem ser encontrados em bancos, casas de investimento, escolas, lojas de software de computador, bibliotecas, livrarias e na internet. Alguns funcionários também estão disponíveis, como bancários, consultores financeiros, consultores de crédito e orientadores de prosperidade, todos equipados para orientá-lo na modelagem, tonificação e estiramento de seus músculos financeiros.

Quando você estiver pronto para fazer uso de ferramentas financeiras, lembre-se de que nenhum conhecimento prévio é exigido. As opções possíveis incluem as seguintes:

• Fale com o representante do serviço de atendimento ao cliente em um banco e pergunte sobre suas contas correntes, planos de poupança, CDBs e fundos de mercado financeiro. Descubra quais taxas de juros eles oferecem e quaisquer restrições que se aplicam às contas, tais como os números de saques permitidos em determinado período de tempo. Não se esqueça de que o banco é como uma loja e você é o cliente. Eles querem ajudá-lo a crescer e cuidar de seu dinheiro, porque é assim que fazem seus próprios lucros.

• Determine se alguma escola em sua área oferece aula de finanças pessoais ou instrução de software para administração de dinheiro. Avalie as ofertas em relação às suas necessidades imediatas, nível de habilidade atual e interesses.

• Verifique programas de computador designados para administrar finanças pessoais. Se você possui um negócio, avalie softwares de escrituração contábil profissional. Leia as informações impressas nas embalagens e consulte um vendedor instruído. Fale com amigos ou associados comerciais sobre o software que eles utilizam – o que eles gostam e não gostam nesses programas, a curva de aprendizagem que eles experimentaram após a instalação do software e a qualidade de suporte técnico disponível. Quando você tiver concluído sua coleta de informações, escolha o software que melhor satisfaz suas necessidades e faça a instalação.

• Em uma biblioteca ou livraria leia atentamente as ofertas financeiras dando uma olhada nas capas e índices por assuntos de interesse.

• Na internet, visite sites que oferecem notícias financeiras, calculadores, boletins gratuitos, comparações de taxa de juros, informações de investimento e qualquer outra coisa de interesse. Navegar nesses sites pode aumentar sua consciência financeira.

6. Questione mensagens financeiras na mídia

As economias dos Estados Unidos e muitos outros países desenvolvidos dependem do gasto do consumidor. Nessas partes do mundo, as publicidades da mídia e da internet apresentadas por especialistas em manipulação psicológica estimulam as pessoas a comprarem uma grande quantidade de mercadorias e serviços dispensáveis. As empresas de cartão de crédito incentivam mais débito oferecendo promoções que incitam os compradores a usar crédito mais do que os fundos disponíveis e deste modo gastar mais dinheiro do que eles possuem.

Para elevar sua consciência financeira, aborde propagandas impressas, difundidas e on-line de um ponto de vista cético. Olhe além da apresentação estimulante, observe as palavras utilizadas para incitá-lo a comprar, especialmente se os termos de crédito forem mencionados, tais como "sem pagamentos ou juros por um ano". As letras miúdas em tais anúncios geralmente indicam que o não pagamento do saldo total dentro do período especificado resultará em cobranças de juros sobre o valor total da compra pelo período de tempo que foi renunciado no princípio.

Quando você receber ofertas de cartão de crédito, preste atenção às taxas de juros, taxas por atraso e multas. Ofertas atrativas, com baixas taxas, geralmente permanecem em vigor por tempo limitado, depois retrocedem para uma taxa muito maior. Taxas de juros podem também ser drasticamente elevadas em resposta a um atraso de pagamento ou simplesmente por capricho da empresa de cartão de crédito. Seja igualmente cuidadoso com ofertas de transferência de saldo de zero por cento que parecem vantajosas, já que empresas de cartões de crédito contam com clientes que mantém um saldo muito tempo depois que a oferta expira, momento em que as empresas podem cobrar grandes taxas de juros.

Além disso, ao fazer compras examine anúncios de venda que oferecem "Compre 1 e Leve 1 pela Metade do Preço" ou "Compre 2 e Leve 1 Grátis". Traduza os termos para que você possa entender o desconto real, que no caso da primeira oferta observada acima é de 25% e para a segunda é de 33%. Então, pergunte a si mesmo se você precisa de mais de um do mesmo item.

7. Observe preços

Torne-se um consumidor informado e cuide do seu orçamento observando os preços que você paga pelas coisas. Enquanto estiver fazendo compras, calcule o valor total de suas compras antes de chegar ao caixa. Relacione também os preços à quantidade de tempo que você precisa trabalhar para comprar os itens; para calcular esse fator tempo, divida o preço de um item por seu pagamento por hora após os impostos. Depois pergunte a si próprio se vale a pena seu trabalho por essa quantidade de tempo para possuir esse item. Ganhar consciência sobre o valor de mercadorias e serviços em termos do esforço exigido para comprá-los vai ajudá-lo a tomar decisões financeiras mais prudentes.

8. Solicite um relatório de crédito

Solicite uma análise de crédito e enfrente os fatos sobre seu histórico financeiro. Examinando seu relatório, você pode afastar os medos do desconhecido e ter a possibilidade de obter mais controle sobre suas finanças. Em primeiro lugar, lançamentos inválidos, que podem afetar negativamente uma avaliação de crédito, frequentemente aparecem em relatórios de crédito, portanto, se você encontrar um no seu relatório, pode eliminá-lo. Segundo, se seu crédito for menos do que o principal, você pode explorar seus sentimentos sobre isso, aceitar sem vergonha suas decisões financeiras do passado e pôr em ordem seu registro para que você seja capaz de seguir com sua vida. Não caia na armadilha de acreditar que você já está tão endividado que não importará se ficar um pouco pior. Um pensamento assim pode tornar impossível aprender a confiar em si próprio em relação ao dinheiro.

9. Avalie sua resistência à consciência financeira

Se você está tendo dificuldades com a SIF, considere o estabelecimento de um novo hábito e um conceito de si próprio como uma pessoa financeiramente perspicaz, ambos os quais exigem tempo e determinação. Para expandir sua identidade financeira, faça a si mesmo as perguntas a seguir, não se esquecendo de que a resistência é normal e ninguém está julgando sua taxa de progresso:

• Como elevar meu nível de consciência financeira ameaça meu conceito de quem sou?

• Quem eu serei se deixar minha incerteza financeira de lado?

• O que me assusta sobre ser financeiramente responsável?

• Como tornar-me financeiramente perspicaz afetará minha posição entre amigos e família?

10. Use sua palavra de força para seguir adiante

Aplique sua palavra de força para ajudá-lo a libertar-se de qualquer resistência ao aumento da consciência financeira. Aqui estão algumas declarações sugeridas:

• Eu me liberto da minha necessidade de incerteza financeira. (Palavra de força.)

- Eu quero ser financeiramente consciente. (Palavra de força.)
- Estou disposto a ser financeiramente consciente. (Palavra de força.)
- Eu me permito ser financeiramente consciente. (Palavra de força.)
- Eu me liberto do meu medo de descobrir meu patrimônio líquido. (Palavra de força.)
- Eu me liberto do meu desconforto de enfrentar números financeiros. (Palavra de força.)
- Estou disposto a olhar meu patrimônio líquido. (Palavra de força.)
- Eu me liberto da minha resistência de controlar meu dinheiro. (Palavra de força.)
- Estou disposto a controlar meu dinheiro. (Palavra de força.)
- Eu controlo meu dinheiro diariamente. (Palavra de força.)
- Eu gosto de ser financeiramente consciente. (Palavra de força.)

11. Recompense a si próprio com frequência

Recompense a si próprio com uma comemoração toda vez que tiver aprendido algo novo sobre o mundo das finanças. Honrar o sucesso estimula o desejo por mais sucesso e a habituação de um comportamento produtivo. Considere uma dessas comemorações:

- Invente sua própria dança de congratulação de empolgação, como aquelas usadas pelos jogadores de futebol depois de marcar um gol.
- Permita-se uma atividade desejada que você estava adiando.
- Dê-se um dia de folga dos afazeres domésticos.
- Faça algo que é inadequado para você, mas que realize um desejo secreto.

Muitas pessoas notam que conforme sua consciência aumenta, não somente começam automaticamente a fazer mudanças, como novas oportunidades de crescimento aparecem.

IDENTIFICANDO PADRÕES
FINANCEIROS E
Temas Emocionais
LATENTES

EXERCÍCIO 3

Se uma pessoa tornar sua atitude em relação ao dinheiro correta, isso vai ajudá-la a resolver quase todas as outras áreas em sua vida.
BILLY GRAHAM

$$\mathbf{An}$$ tes de designar um sistema de musculação para um cliente, um personal trainer levará em conta o nível de aptidão da pessoa, práticas nutricionais e histórico de exercício. Semelhantemente, um programa de aptidão financeira incorpora um entendimento do padrão financeiro recorrente da pessoa e sua relação com os temas emocionais latentes. Invariavelmente, os indivíduos que identificam seu padrão financeiro operante e suas emoções latentes melhoram sua posição financeira.

Para Robert, de cinquenta e dois anos, que se esforçava para pagar suas contas e também economizar um pouco de dinheiro, fazer essa relação o levou para um nível de renda maior. Robert viu que sua falta crônica de fundos resultava em permanentes sentimentos de privação, e ele conseguiu chegar à sua origem. Essa percepção desencadeou um desejo dentro dele de garantir que mais necessidades suas fossem satisfeitas, levando a um maior fluxo de caixa e sensação de realização.

Padrões Financeiros Comuns

Quase toda situação financeira reflete um dos três padrões gerais: ver-se como possuindo menos do que o suficiente, só o suficiente, ou mais do que o suficiente. O termo "suficiente" é relativo e altamente individualizado. Para algumas pessoas, ter as necessidades básicas satisfeitas é suficiente, gerando uma sensação de satisfação e segurança; para outras, não importa quanto dinheiro elas acumulem, a percepção de que precisam de mais, permanece. A Figura 3.1 ilustra esses padrões e suas principais características, bem como os pensamentos, crenças, emoções, comportamentos e dinâmica de relacionamento que as acompanham.

Inicialmente, pode parecer que as pessoas que se veem como tendo menos dinheiro que o suficiente, experimentam constante desconforto e as que se veem como tendo mais do que o suficiente, vivem com alegria e satisfação. Na realidade, ambos os padrões financeiros correlacionam-se com uma ampla gama de estados emocionais. As pessoas que se consideram como tendo dinheiro menos do que o suficiente, embora com problemas financeiros, podem desfrutar da companhia da família e amigos, participar de atividades sociais satisfatórias e experimentar o sucesso em áreas não-financeiras de sua vida. Ao mesmo tempo, aquelas que se vêm como tendo dinheiro mais do que o suficiente podem estar lidando com problemas familiares ou no trabalho, sentirem-se criativamente incompletos, sofrer decepções contínuas ou ter dificuldades de relacionamento.

Mesmo assim, como as situações financeiras são criadas por pensamentos, crenças e emoções, uma pessoa pode desfrutar mais das recompensas da vida mudando seus PCEs limitantes. Quando isso ocorre, torna-se possível avançar no *continuum* ilustrado na figura 3.2 de um padrão financeiro Menos do que o suficiente para um Mais do que o suficiente, momento em que a pessoa pode enriquecer sua vida com um conjunto de características mais gratificantes.

Menos do que o Suficiente   Só o Suficiente   Mais do que o Suficiente

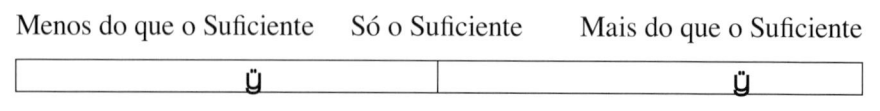

Figura 3.2

Infelizmente, a maioria das pessoas permanece numa posição fixa durante a primeira metade deste *continuum* por toda a sua vida adulta, confinando-se a um padrão financeiro habitualmente limitante e às peculiaridades que os acompanham. Até alguém avançar por vários anos antes de retornar à sua posição anterior, raramente terá estabelecido um novo padrão.

O mesmo pode ser dito de indivíduos cujo padrão é mais bem descrito como frequentemente mudando de um lado para o outro. A renda de Jim oscilava de acordo com a economia da empresa para qual ele trabalhava. Embora sua base salarial permanecesse a mesma, exceto pelos aumentos periódicos do custo de vida, a quantidade de hora extra que ele fazia variava. Durante anos, com ampla oportunidade de fazer horas extras, ele as fez, em consequência, ele e sua esposa Laura se deleitaram liquidando dívidas e fazendo reparos na casa. De repente, meses se passaram com pouca hora extra disponível, forçando Jim e Laura a voltar às dívidas e à penúria. Pode parecer que as variações de renda fossem causadas por eventos além do seu controle, porém eles me confidenciaram que tinham necessidade de expressar a sensação de privação, estimulada dentro deles pelos altos e baixos rendimentos de Jim. Eles até desconfiaram que podiam ter escolhido esse trabalho em vez dos outros dois, porque ele permitiria que expressassem em ações seus sentimentos de privação.

	Menos do que o Suficiente	Só o Suficiente	Mais do que o Suficiente
Características	Sensação de necessidade e falta. Auto-imagem insatisfatória. Foco no passado, com preocupações sobre o futuro.	Sensação de adequação. Auto-imagem baixa. Foco e preocupação sobre o futuro, com arrependimentos sobre o passado.	Sensação de abundância. Auto-imagem saudável. Foco no presente, com expectativas positivas sobre o futuro.
Pensamentos	"Vou ficar sem dinheiro e não há ninguém para me ajudar." "Eu queria alguém que cuidasse de mim." "Quem me dera ganhar na loteria." "Eu me pergunto de quem eu posso pedir dinheiro emprestado." "Eu nunca conseguirei o que quero." "Eu odeio esse conflito financeiro." "Deve haver algo errado comigo, porque eu não consigo ganhar nenhum dinheiro."	"Quem me dera eu tivesse um pouco mais de dinheiro, eu estaria mais confortável." "Eu gostaria de saber como conseguir o que eu quero." "Eu nunca terei dinheiro suficiente para me aposentar." "Deve haver algo a mais que eu deveria fazer para sair dessa rotina."	"A vida é boa." "Estou fazendo um ótimo trabalho." "Eu gosto da minha vida." "Estou agradecido por estar desfrutando dessa abundância." "Eu sou realmente sortudo." "Eu gosto de compartilhar da boa sorte com os outros." "Eu valorizo tudo o que tenho."

Crenças	"Não sou digno." "Não há o suficiente para todos." "Deve haver algo errado comigo." "Pessoas como eu não conseguem ganhar dinheiro." "Eu sou pobre." "Dinheiro é a raiz de todo infortúnio." "Não é espiritual ter dinheiro." "É nobre ser pobre." "Se eu for pobre, as pessoas sentirão pena de mim."	"Pessoas ricas não são boas." "Eu não mereço luxo." "Luxo é ruim." "Eu não tomarei boas decisões de investimento, portanto, não ter excedente me manterá seguro." "Eu não estou seguro." "Se eu tiver um excedente, as pessoas vão querer o meu dinheiro." "Não é seguro ser rico." "Se eu for rico, ninguém gostará de mim." "Pessoas ricas não vão para o céu."	"É um mundo abundante." "Eu tenho o direito de ter o que eu quero." "Tudo bem em ser rico." "Riqueza é boa." "Eu sou merecedor." "Eu sou uma boa pessoa." "Eu sou confiável." "Há o suficiente para todos." "Pessoas ricas podem ser gentis e generosas."
Emoções	Necessitado, vazio, sozinho, inadequado, indigno, desamparado, imperfeito, incompleto, deprimido, sensação de destruição iminente.	Frustrado, desvalorizado, invisível, chateado, limitado, bloqueado.	Independente, satisfeito, seguro, alegre, generoso, orgulhoso, respeitado, confiante, relacionado, valorizado, aceito, reconhecido, amado.
Comportamentos	Endividamento crônico. Atraso de pagamento de contas. Incerteza financeira. Cheque sem fundo. Sonhos de ter muito dinheiro. Evasão de imposto mediante expedientes legais. Obsessão com dramas de resgate financeiro.	Vive de salário a salário. Endividamento periódico. Atraso ocasional de pagamento de contas. Estratégia de pagamento de contas. Controle de dinheiro de forma relutante e esporádica.	Solvente. Hábil na administração de dinheiro. Caridoso. Generoso. Curioso sobre investimentos. Adepto a tomar decisões de investimento racionais.

Relação com o dinheiro	Conflitante. Instável. Incerto. Esforça-se constantemente. Não-confiante.	Indiferente. Indeciso.	Confortável. Estável. Atencioso. Respeitoso. Confiante.
Relação consigo mesmo e com os outros	Isolamento. Agradável com as pessoas. Tem poucas relações íntimas. Autocrítico. Necessitado. Co-dependente. Desconfortável ao expressar emoções. Ruim para estabelecer limites. Não-confiante. Retraído. Controlador ou controlado.	Tem um pequeno círculo de amigos. Anseia por contato com mais pessoas. Receoso de arriscar-se socialmente.	Socialmente ativo. Bem apoiado por amigos e associados. Fortes habilidades interpessoais. Adaptação à rede de trabalho. À vontade com as pessoas. Bom em estabelecer limites. Automotivado.

Figura 3.1

Temas Emocionais Básicos

Embora qualquer emoção possa ser expressa pelas finanças, em minha experiência a maioria das situações financeiras desconfortáveis refletem uma ou mais dentre as seguintes: abandono, vergonha, raiva, privação e sensação de estar preso. Descobrir esses impulsos emocionais ajuda na quebra de padrões financeiros habituais, mas a tarefa é desafiadora. Para iniciantes, quando os temas básicos são expressos em ações pelos dramas financeiros, raramente eles são imediatamente aparentes; em vez disso, uma variedade de sentimentos relacionados pode vir à tona (vide figura 3.3).

Outra dificuldade envolvida ao acessar temas emocionais é que eles têm mais a ver com relacionamentos humanos do que com dinheiro e, portanto, podem facilmente passar despercebidos. O medo, por exemplo, parece contribuir para a angústia financeira. Ele está relacionado mais com o abandono – especificamente, com o medo de ser deixado sozinho. Dessa perspectiva, medo de ficar sem dinheiro está correlacionado com o medo de ficar sem pessoas. E, realmente, muitos problemas financeiros se seguem após o divórcio, falecimento de alguém amado ou separação maior de qualquer tipo que são associados a sentir-se abandonado. Igualmente, o sofrimento após a perda de alguém amado é frequentemente expresso em ações por meio da perda de dinheiro.

Todos os cinco temas emocionais básicos funcionam em um nível de sobrevivência principal, que afeta subconscientemente todo mundo em algum grau. No caso de abandono, humanos sem contato com outras pessoas não prosperam, um resultado frequentemente visto entre bebês abandonados. Deste modo, pode-se dizer que o medo de ficar sem dinheiro reflete não somente o medo de estar sozinho, mas também o medo de não sobreviver. Esse entendimento esclarece o pavor experimentado por indivíduos com intensas angústias financeiras.

O Papel de Experiências da Infância Cobradas Emocionalmente

Os temas emocionais latentes subordinados a qualquer padrão financeiro geralmente permanecem fora da consciência adulta, porque eles se originam nos anos de formação da infância, que a maioria das pessoas não se lembra facilmente.

	Expressados em Ações	Sentimentos Relacionados
Abandono	Falta de fundos disponíveis. Perda de trabalho. Endividamento freqüente. Perda de dinheiro por meio de maus investimentos. Dramas de resgate financeiro. Empréstimo de dinheiro que não é pago. Ser mal remunerado. Reserva de dinheiro ou coisas. Mesquinhez. Cheque sem fundo. Vitimização pela varredura financeira. Infortúnio resultante de mau conselho financeiro.	Solitário. Alienado. Incoerente. Preocupado com a perda ou em ficar sem dinheiro. Inútil. Inseguro. Medo de fracassar. Pavor. Não-confiante. Rejeitado. Decepcionado. Traído. Deprimido. Sensação de destruição iminente. Ansiedade.

Vergonha	Incerteza financeira. Endividamento crônico. Atraso no pagamento de contas. Comportamentos controladores. Fracas decisões de investimento.	Baixa auto-estima. Invisível. Incompleto. Inadequado. Culpado.
Raiva	Pegar dinheiro emprestado sem pagar de volta. Não-pagamento de impostos. Vitimização financeira. Muitos atrasos no pagamento de contas. Gasto compulsivo.	Traído. Impotente. Abusado. Ignorado. Manipulado. Usado. Frustrado.
Privação	Compra compulsiva. Gasto excessivo em roupas ou aparelhos domésticos. Comportamentos antigos. Abandono. Endividamento compulsivo.	Não amado. Desvalorizado. Fraco. Isolado. Vazio.
Sensação de estar preso	Relacionamentos difíceis no trabalho. Assumir encargos financeiros extras para ajudar aos outros. Fazer horas extras para cumprir as obrigações financeiras.	Coagido. Pressionado. Sobrecarregado. Limitado. Bloqueado. Incompleto.

Figura 3.3

Quando eventos ou relacionamentos geram emoções intensas para uma criança, elas se tornam "experiências definidoras", cujos efeitos se estendem até a vida adulta e frequentemente se manifestam em dramas financeiros. Exemplos de experiências definidoras incluem uma doença ou acidente sério; divórcio, óbito ou nascimento de um novo irmão; ou abuso contínuo de qualquer tipo, por adultos ou colegas de confiança. Estabelecer a relação entre um padrão financeiro debilitador na idade adulta e uma experiência definidora na infância, estimula uma liberação da carga emocional iniciada na infância e abre caminho para o surgimento de um novo padrão financeiro.

Um momento definidor na infância de Tom reside no âmago de uma situação financeira em que se encontrou na idade de quarenta e sete anos. Tom tinha um forte desejo de alcançar um trabalho mais desafiador intelectualmente e mais gratificante financeiramente, mas continuou evitando tomar uma atitude. Quando o encontrei, ele estava cronicamente deprimido. Ele e sua esposa queriam comprar uma casa nova, o que para Tom significava encontrar um emprego que pagasse melhor – uma tarefa que exigia superar essa evasão.

A primeira emoção que conseguimos identificar claramente foi a sensação de destruição iminente que pairou sobre Tom e o impediu de seguir adiante. Ele reconheceu que estava assombrado por seus intensos pensamentos de ficar sem dinheiro e não ter para onde ir. Quando questionado sobre seu histórico de trabalho, ele disse que em três ocasiões lhe prometeram uma promoção, mas devido às circunstâncias da empresa, ele perdeu seu emprego e ficou quebrado financeiramente antes de encontrar um novo. Dessa vez, seu entusiasmo se tornou abruptamente decepção, impotência e confusão. Ele concluiu que sua ansiedade atual vinha da sensação de destruição que ele sentia porque tinha ficado por tempo suficiente em seu emprego atual para perdê-lo e sentiu-se impotente de impedir que isso acontecesse. Sua esperança era encontrar um trabalho que pagasse melhor, mas sua expectativa era pelo desastre.

Quando solicitado para lembrar-se de um momento da infância marcado por extrema decepção combinada com perda, Tom instantaneamente recordou um incidente que ocorreu no Natal quando ele tinha seis anos de idade. Ele e seu irmão receberam vários itens que tinham pedido, brincaram com eles por uma semana, depois, após um desentendimento entre seus pais sobre dinheiro, sem explicação seu pai devolveu todos os presentes para a loja. Tom sentiu-se chocado e confuso, e, em um nível mais profundo, abandonado. Mediante questionamento, ele se lembrou de outros incidentes adicionais em que sentimentos agradáveis se transformaram repentinamente em sensação de abandono.

Tom claramente viu como sua experiência do Natal tinha feito com que ele acreditasse que a alegria seria seguida de decepção e que ele era impotente em relação às figuras de autoridade da sua vida. Logo após fazer a relação entre sua situação atual e seu trauma aos seis anos de idade e expressado quão abandonado ele havia se sentido no momento, sua depressão aumentou. Alguns meses depois, ele teve êxito ao encontrar um emprego que pagasse melhor e comprou a casa que ele e sua esposa queriam.

A difícil situação financeira de Wanda também reconstitui uma experiência conclusiva da infância. Após um divórcio difícil, Wanda foi obrigada pelo Departamento da Receita Federal a efetuar um grande pagamento fiscal para compensar as obrigações que seu ex-marido tinha deixado de cumprir. Por cinco anos, ela lutou contra a Receita Federal. Somente no sexto ano, ela conseguiu negociar um acordo razoável.

Depois que Wanda me contou essa história, eu perguntei a ela se a situação com a Receita Federal tinha feito com que ela se sentisse intimidada e perseguida, e ela disse que sim. Eu então perguntei quem a tinha perseguido quando ela era jovem. Wanda contou como seus colegas de classe do ensino fundamental frequentemente a provocavam porque ela era gordinha e usava óculos "fundo de garrafa". Quando isso acontecia, ela voltava para casa se sentindo envergonhada. Conforme amadureceu, Wanda perdeu peso e fez a cirurgia ocular a laser, mudando radicalmente sua aparência, embora sua vergonha da infância permanecesse dentro dela.

Quando abordada sobre a ideia de que ela precisou do drama da Receita Federal para expressar sua vergonha, Wanda relacionou os sentimentos de ser intimidada e perseguida pela Receita Federal aos mesmos sentimentos que ela teve quando criança. Se ela tivesse feito a relação antes, o acordo provavelmente teria ocorrido logo, porque ela teria se livrado da carga de sua vergonha de infância e, deste modo, não precisaria mais de um veículo para expressar seu tema emocional básico.

Eu trabalhei com vários clientes lutando com difíceis negociações com a Receita Federal, e uma vez que suas emoções foram reconhecidas e liberadas, as situações se resolveram. Em um caso, o assistente social da Receita Federal foi substituído por um agente mais acessível; em outro, uma nova opção apresentou-se rapidamente resolvendo o problema.

Padrões Financeiros, Temas Emocionais e Fator de Identidade

Padrões financeiros e seus temas emocionais latentes são grande parte do autoconceito das pessoas de que qualquer mudança nesse fundamento pode ativar o Fator de Identidade, causando grande resistência. Felizmente, uma pessoa ciente de que suas finanças representam uma parte integrante deles, mais do que algo externo, perceberá a importância de criar uma identidade congruente com o fluxo financeiro saudável, o que significa mudar os aspectos centrais de sua identidade financeira apesar do indício de resistência.

Resistir mudar neste ponto é semelhante a reforçar uma relação disfuncional com o dinheiro. Uma jovem mulher, que conheci uma vez, não queria desviar-se de seu padrão financeiro menos do que o suficiente. Herdou U$ 100.000 e imediatamente começou a jogar dinheiro fora para manter sua autoimagem de alguém com necessidade. Se em vez disso, ela tivesse conseguido prender-se ao dinheiro, era possível que ela ainda não teria se sentido próspera e segura, salvo se ela tivesse mudado seus pensamentos, crenças e emoções que contribuem para seu conceito de si própria.

Superar a influência do Fator de Identidade é suficiente para desenvolver uma sensação de si mesmo como próspero; isso pode ser comparado como seguir um programa de exercício que gradualmente ajuda você a desenvolver músculos mais fortes, remodelar seu corpo e desenvolver novas relações com as pessoas que compartilham seu interesse em condicionamento físico. Com o tempo, conforme você cultiva os PCEs necessários para sustentar sua nova autoimagem, eles virão se expressar em novos comportamentos. Como resultado, você estará menos inclinado a preservar sua antiga posição em seu grupo e família de origem. Com paciência e disciplina, você então será capaz de alcançar e manter uma posição de vida satisfatória.

Ações

As ações para este exercício pretendem orientar você em relação à descoberta de seu padrão financeiro e seus temas emocionais latentes. Com entendimento dos cenários que você reconstituiu por meio de suas finanças, você estará equipado para mudar intimamente e desenvolver hábitos financeiros mais saudáveis. As primeiras ações envolvem averiguação, um método estabelecido há muito tempo para melhorar a iluminação e a autoconfiança.

1. Identifique seu padrão financeiro

Comece identificando seu padrão financeiro predominante respondendo às seguintes perguntas:

- Por quanto tempo você está em sua situação financeira atual? Você consideraria isso o resultado de PCEs habituais?
- Se sua situação atual não é típica para você, o que é?

• Você tende a ficar na mesma posição financeira ou ela varia de vez em quando? Se ela varia, você consegue encontrar um padrão latente para as alterações?

• Quanto tempo da sua vida adulta você passou livre de dívidas? Você esteve mergulhado em dívidas mais do que fora delas?

Agora, consultando a figura 3.1, selecione as características que mais se aplicam a você. Depois, decida onde você está no continuum mostrado na figura 3.2. Descreva seu principal padrão financeiro em seu diário de prosperidade.

2. Reconheça seus temas emocionais básicos

Relacione seu padrão financeiro aos temas emocionais que o mantém em seu lugar, respondendo às perguntas a seguir e registrando cada percepção em seu diário de prosperidade:

• O que, se houver, é desconfortável sobre sua situação financeira atual? Nomeie os sentimentos que ele estimula.

• Você já esteve em um apuro semelhante no passado? Se sim, ele desperta os mesmos sentimentos que você está experimentando agora?

• Você se lembra de ter tido esses sentimentos desconfortáveis quando criança? Se sim, descreva as circunstâncias.

• Você viveu outros momentos definidores no passado, especialmente eventos que envolvem perda ou separação? Algum desses momentos estão relacionados aos sentimentos incitados por sua situação financeira atual?

• Alguém envolvido em sua situação financeira atual lembra seus pais, irmãos ou outras figuras influentes da sua infância? Você consegue relacionar seus sentimentos atuais com os sentimentos desagradáveis que você abrigou em relação a esses indivíduos?

• Usando a figura 3.3, determine os temas emocionais que causam a diversidade de sentimentos mais familiares para você.

3. Relacione seu padrão financeiro e temas emocionais à sua identidade

Para entender como as mudanças no padrão e tema representam sua posição financeira e podem enfraquecer seu progresso, levando à resistência, responda às perguntas a seguir:

• Se você fosse melhorar sua posição financeira, que aspectos dela não seriam considerados familiares para você?

• Se sua renda tivesse que aumentar significativamente, que preocupações você poderia ter sobre administrar o excedente?

• Se você tivesse que aumentar significativamente sua renda e desenvolver habilidades para lidar com ela, como isso poderia impactar seus relacionamentos com seus colegas, sua família e seu outro significativo?

• Como a prosperidade afetaria as decisões sobre onde você vive e trabalha? Uma mudança na localidade exigiria que você se separasse das pessoas com quem você gosta de estar? Como você se sentiria com essa separação?

4. Expanda sua identidade financeira

Sabendo o que você faz sobre o padrão financeiro e temas emocionais latentes que regem seu uso de dinheiro, adicione a definição de sua identidade financeira que você registrou em seu diário de prosperidade. Primeiro, identifique seu padrão financeiro (Menos do que o Suficiente, Somente o Suficiente, Mais do que o Suficiente) e liste as emoções que você habitualmente expressa em ações por meio do uso do dinheiro. Segundo, defina sua posição financeira em relação aos seus amigos e família (Você ganha menos, aproximadamente o mesmo ou mais do que eles?), e as emoções que isso geralmente gera dentro de você. Conclua propondo formas na qual seu autoconceito pode expandir além das expectativas de colegas e familiares, e como sustentar a expansão que você pode empreender realinhando esses relacionamentos.

5. Observe resistência ou desorientação resultantes da mudança

Uma necessidade instintiva de proteger sua antiga identidade pode desencadear uma resistência ativa de seguir adiante na forma de procrastinação, evasão, negligência ou desgosto. Se você é uma vítima da síndrome da incerteza financeira, você pode se sentir repentinamente desorientado. Sejam quais forem os seus sintomas na medida em que você começar a progredir, compartilhe-os com seu companheiro de prosperidade, que então pode lembrá-lo de que eles são temporários e da consequência natural de desenvolver seus músculos financeiros, que vão ajudá-lo a melhorar seu relacionamento com o dinheiro.

Estabelecer a relação entre um padrão financeiro debilitador na idade adulta e uma experiência definidora na infância, estimula uma liberação da carga emocional iniciada na infância e abre caminho para o surgimento de um novo padrão financeiro.

E STABELECENDO

Metas

A LCANÇÁVEIS

EXERCÍCIO 4

Se sua única meta é se tornar rico, você nunca chegará lá.
JOHN D. ROCKEFELLER

Somente se dadas as metas de desempenho específicas de um cliente, um personal trainer pode desenvolver um sistema de musculação para alcançá-las. Da mesma forma, a formulação de metas financeiras bem pensadas ajuda a pessoa a lançar estratégias para alcançá-las.

Para serem alcançáveis, as metas financeiras exigem, acima de tudo, uma descrição que seja suscetível ao tempo suficiente para orientar os comportamentos relacionados ao dinheiro. Uma meta com o objetivo de eliminar a dívida de cartão de crédito de R$ 15.000,00 dentro de um ano, por exemplo, idealmente motivaria você durante esse período de tempo descrito a comprar somente itens que você pode pagar com os fundos disponíveis. Deste modo, quando confrontado com a oportunidade de comprar algo no crédito a um preço atrativo, você se recusaria. Igualmente, uma meta de dobrar sua renda em dois anos pode fornecer incentivo para cultivar investimentos, iniciar um negócio de meio período ou expandir um atual. A formulação de metas que podem realmente ser alcançadas exige mais considerações subliminares também.

Valores Pessoais

Basear suas metas em resultados que profundamente importam para você aumenta suas chances de alcançar esses objetivos, por causa dos sentimentos de realização que eles inspiram dentro de você a cada passo do caminho. Além disso, quando você sobe uma escada financeira de sua própria criação, seu sucesso dobra não somente quanto ao dinheiro que você acumulou, mas a quantos dos seus sonhos você usufruiu.

Para mover-se nessa direção, é uma boa ideia tornar-se intensamente consciente de seus valores a respeito da saúde, estilo de vida, relacionamento, trabalho, educação e bem-estar coletivo da humanidade. Você aprecia a simplicidade, por exemplo, passando o tempo com pessoas queridas ou sendo voluntário em alguma instituição de caridade? Sem conhecer seus valores mais íntimos, a busca de suas aspirações materiais pode ofuscar sua felicidade exigindo que você inadvertidamente sacrifique esses desejos não materiais. Priorizar seus valores e basear suas metas de renda no você considera não-negociável aumenta suas chances de satisfazer tanto suas necessidades internas como externas, conforme você avança financeiramente.

Com trinta e cinco anos, ao avaliar uma posição de administração em uma empresa da Fortune 500, Louise aprendeu a importância de levar seus valores pessoais em conta. Após subir os degraus corporativos por oito anos, ela estava tentada a aceitar a oferta de um ano de US$ 200.000; mas de repente despertou nela que cumprir as responsabilidades do trabalho e as expectativas do seu supervisor iriam forçá-la a adiar a gravidez devido aos altos níveis de estresse, possivelmente colocando em risco sua saúde. Sabendo que o trabalho conflitava significativamente com seus valores, Louise não teve dificuldade de recusar a promoção.

Don, por outro lado, com vinte e seis anos e solteiro, estava altamente motivado a acumular um patrimônio líquido de um milhão de dólares dentro de cinco anos e consequentemente aproveitou a chance de fabricar pranchas de surfe em parceria com seu amigo, Steve. Tudo sobre o empreendimento o atraía: trabalhar com os projetos de Steve, venda e marketing, as pessoas da indústria, o desafio de começar um negócio do zero e, principalmente, o próprio surfe. O empreendimento se enredou perfeitamente com seus valores pessoais e em cinco anos Don tinha de fato alcançado sua meta financeira, após a qual ele estabeleceu novas metas que levaram em conta os valores que ele compartilhava com sua esposa há três anos.

Considerando que o respeito pelos valores pessoais mantém as pessoas em curso enquanto procuram alcançar metas materiais, ignorar esses valores geralmente leva ao autoabandono. Nesses casos, os comportamentos financeiros aparecem na forma de repetidas perdas associadas ao gasto compulsivo, endividamento crônico, empréstimo frequente ou fracos investimentos – essas são algumas das razões para priorizar valores enquanto se formula metas financeiras.

Objetivos Financeiros Realistas

Estabelecer metas efetivas também exige uma dose saudável de realismo para superar os impulsos do subconsciente. Por si próprio, um subconsciente habituado em proteger a identidade pessoal e manter um padrão financeiro menos do que o suficiente ou somente o suficiente, estabelecerá seus pontos de vista em uma quantidade de dinheiro muito além da natureza prática que nenhum plano concreto de seguir adiante pode possivelmente desenvolver. Pior, a inércia resultante tende a reforçar o tema emocional de privação, fechando a pessoa em um ciclo de disfunção. Para contrapor-se à probabilidade de uma ocorrência como essa e promover, em vez disso, o desenvolvimento de um plano viável de ação, é essencial estabelecer objetivos realistas.

Brenda descobriu isso sozinha. Uma treinadora pessoal que utilizava cartões de crédito, sempre que precisava de suprimentos ou equipamentos para seu negócio, Brenda falou brincando sobre resolver seus problemas financeiros ganhando um dia na loteria. Ela odiava os US$ 10.000 que perpetuamente devia em seus cartões de crédito, queria comprar uma casa própria e ansiava por roupas mais modernas, porém raramente recebia mais do que US$ 35.000 por ano. Enquanto frequentava um grupo que eu organizei, ela rapidamente reconheceu as tramas de privação tecendo sua vida. Ela também começou a entender que conseguir o que queria era assustador, porque a satisfação era algo inadequado para ela.

Após reconhecer que ela estava protegendo sua identidade considerando fantasias de riqueza repentina, Brenda começou a estabelecer metas de renda alcançáveis com base nos objetivos realistas para um tempo específico. Primeiro, ela determinou esforçar-se por um rendimento mensal de US$ 3.200, um aumento de 10%, ou cerca de US$ 300, em relação aos seus rendimentos anteriores. Para atingir essa meta, ela precisava de quatro sessões de clientes a mais por mês – uma perspectiva tão possível que ela entusiasticamente começou a trabalhar para isso. Ela também concordou em controlar seus gastos e não usar cartões de crédito. Depois de quatro semanas, Brenda tinha três novos clientes; e no fim de mais duas semanas ela havia realizado sua meta e começou a estabelecer uma nova. O aumento em sua renda ajudou a pagar a sua dívida do cartão de crédito e foi gradual o suficiente para que ela se adaptasse tranquilamente ao novo fluxo de caixa.

Estabelecer metas realistas para dedução de débito pode ocorrer de outras formas também. Se, diferente de Brenda, você espera que sua renda permaneça invariável, sua meta pode ser reduzir gastos, caso em que você precisará delinear onde cortar e quanto dinheiro alocar para o pagamento da dívida. Somente enfrentar sua dívida é adequado para conseguir possibilidades, como negociar juros mais baixos nos cartões de crédito ou trabalhar com um consultor de crédito idôneo. No fim você pode decidir trazer dinheiro extra por meio de um emprego de meio período. Com uma intenção honesta de reduzir sua dívida e uma série de metas realistas em seus lugares, há pouco para impedi-lo de alcançá-las. O mesmo pode ser dito de uma intenção de aumentar sua renda, aumentar sua poupança, ampliar seus investimentos ou comprar uma nova casa.

Consequências

Muito frequentemente, as pessoas que desejam quantias significativas de dinheiro imaginam que seus problemas serão todos resolvidos quando os fundos chegarem, dando pouca atenção para as consequências de adquirir os fundos ou tê-los em sua posse. O fato é que qualquer método escolhido para aumentar o fluxo de caixa também iniciará as alterações no estilo de vida que podem ou não podem ser desejáveis. Mudar de trabalho, por exemplo, pode exigir mudança de residência; modificar protocolos comerciais, exigir mais horas de trabalho ou contratação de um maior número de funcionários que precisarão de supervisão. Semelhantemente, mudar-se para uma casa maior em uma nova vizinhança, enquanto realiza um sonho, poderia causar sentimentos de isolamento ou separação de suportes sociais.

Um influxo de fundos também exige múltiplas decisões sobre administração de dinheiro que envolve como a receita será alocada, o que será feito com o excedente e quem vai administrá-lo. Mesmo com aumento na renda, cada degrau da escada financeira pode apresentar preocupações que exigem atenção individualizada. Uma pessoa que não desfruta desse tipo de atividade pode decidir, em algum momento, parar de subir e saborear o que tem.

Ao olhar para o futuro, você pode encolher-se de medo com a ideia de passar horas do dia cuidando ou mesmo pensando sobre excessivas somas de dinheiro. Em vez de uma grande riqueza, o que você pode realmente ambicionar poderia ser paz de espírito, sensação de segurança ou satisfação no trabalho – todos estados emocionais, não objetivos financeiros. Em qualquer dos casos, estendendo seu foco para incluir consequências emocionais e outras internas, é possível que você estabeleça metas as quais possa permanecer fiel e tenha prazer em realizar.

Metas a Curto e Longo Prazos

Estratégias efetivas que inspiram dedicação contínua são geralmente compostas de duas séries: metas a longo prazo, que delineiam a grande figura de realizações esperadas e metas a curto prazo, delineando etapas intermediárias que permitem a experiência do sucesso frequente. Se, por exemplo, uma meta a longo prazo envolver o acúmulo de um excedente de fundos, economizar uma pequena quantia por semana pode potencialmente estimular pensamentos construtivos sobre o esforço enquanto dissolve sentimentos há muito tempo mantidos de vergonha ou privação. Conforme pensamentos e emoções mudam, a posição financeira correspondente também muda, abrindo um caminho para a prosperidade abastecida pelas realizações internas.

Metas a longo prazo devem render frutos quando dado um parâmetro de tempo e detalhes consideráveis. Muitas pessoas, quando questionadas sobre o que elas querem conseguir financeiramente, respondem com declarações como "Eu quero dinheiro suficiente para ser livre e fazer o que eu desejar" ou "Eu nunca mais quero me preocupar com dinheiro novamente". Mas essa esperança é vaga, falha em promover o desenvolvimento de uma estratégia que leva à realização mensurável. Em contraste, quanto mais específico você for em relação aos seus planos de produção de renda, melhor preparado estará para cultivar as habilidades necessárias para realizá-los. Se, por exemplo, você estabelecer seus pontos de vista no aumento de seu patrimônio líquido para R$ 1.000.000,00 por meio de investimentos em bens imóveis durante o período de cinco anos, você poderia planejar gastar uma parte do primeiro ano falando com investidores experientes, lendo livros ou participando de seminários sobre bens imóveis, investigando o mercado de bens imóveis local, considerando propriedades potenciais ou talvez se tornando um agente imobiliário. Cada uma dessas atividades, enquanto o impulsiona em direção à sua meta, também o ajuda a decidir se o investimento em bens imóveis se alinha aos seus valores.

Ao determinar metas a longo prazo é melhor ser específico, não somente em termos do que você quer materialmente, mas também em relação às percepções que você gostaria de ter sobre si próprio e sua vida. Metas a longo prazo incluiriam, portanto, grandes sonhos referentes à renda, patrimônio líquido e estilo de vida, bem como estados de sentimento desejados, tais como segurança, satisfação, respeito e alegria – fatores frequentemente ignorados ao criar um plano financeiro.

Metas a curto prazo, por outro lado, inspiram o impulso quando descritas em termos mensuráveis e permitidas para desdobrarem-se entre três meses e um ano. Uma meta de três meses pode envolver aumentar as taxas de cliente em um valor específico, bem como aprender um programa de software financeiro, controlar os gastos diariamente ou fazer uma pesquisa que sustente uma de suas metas a longo prazo. Uma meta de um ano poderia focar no aumento da sua base de clientes em 20%, pagando a dívida em 50%, ou aumentar sua renda anual em 25%. Alcançar uma série de metas a curto prazo estabelece um padrão de sucesso que pode superar uma tendência habitual à procrastinação, evasão ou fracasso, e programar seu subconsciente para esperar resultados positivos.

Ao criar metas a curto prazo, também foque em estados internos desejados. Se, por exemplo, paz de espírito for uma de suas metas a longo prazo, então uma meta a curto prazo pode incluir a redução do estresse fazendo uma aula de ioga por semana, meditando vinte minutos por dia ou passando pelo menos uma hora por semana ao ar livre em um ambiente natural. Paz de espírito poderia ser também sustentada pedindo um aumento, contrapondo-se à incerteza financeira ou desenvolvendo um plano para limitar seus gastos.

Para manter suas metas a curto e longo prazos congruentes com seus valores pessoais, reavalie sua metas frequentemente e ajuste-as quando necessário. Após uma série de sucessos a curto prazo, você pode encontrar uma meta financeira a longo prazo para ganhar milhões de dólares, por exemplo, que foi despertada por sentimentos de abandono, vergonha ou privação, que não fazem mais parte de seu ambiente interno. Ou você pode ligá-la a um padrão de pensamento não-produtivo, tal como comparar sua renda às fortunas dos outros ou à sua necessidade por respeito paterno. Em qualquer caso, esse seria o momento de convidar novas metas a emergirem de sua percepção mais evoluída sobre si próprio e sobre sua vida.

Agora, em vez de grande riqueza financeira você pode preferir um relacionamento mais profundo e afetuoso com você mesmo e sua família. Realizar uma meta desse tipo pode resultar em um resultado melhor integrado, tal como um padrão de ter bens materiais mais do que suficiente combinados com sentimentos de liberdade e realização. Nesse momento, você pode perceber como ser rico sem ter de acumular grandes quantias em dinheiro e bens materiais. E você poderá avaliar, de um local mais confortável, simplesmente o quão longe você quer ir financeiramente e o porquê.

Quando ajustada conforme necessário, uma estratégia de dois caminhos para a realização de metas alcançáveis se torna autoperpétua estimulando mudanças perceptíveis tanto interna quanto externamente. Só o registro de seus gastos e rendimentos diários, por exemplo, pode melhorar sua autoimagem, tornando-o mais acessível para tentar outro novo comportamento financeiro. Isso, por sua vez, pode gerar aumento de autoconfiança, trazer para sua vida oportunidades que estão afinadas com seu novo estado de ser e, conforme ilustrado na figura 4.1, ativar um ciclo de mudança.

Quando suas Metas Ultrapassam sua Identidade Financeira

Estabelecer metas capazes de impulsioná-lo a uma melhor posição financeira pode de modo concebível reforçar comportamentos disfuncionais. Por um lado, essas metas podem estimular medos latentes de fracasso, por outro, se você se identificar mais com fracasso do que com sucesso, expectativas negativas podem impedi-lo de desenvolver uma estratégia possível para implementar suas metas. E ainda, a ansiedade de perder sua posição entre seus colegas ou família, pode fornecer uma base para evitar ações direcionadas à meta.

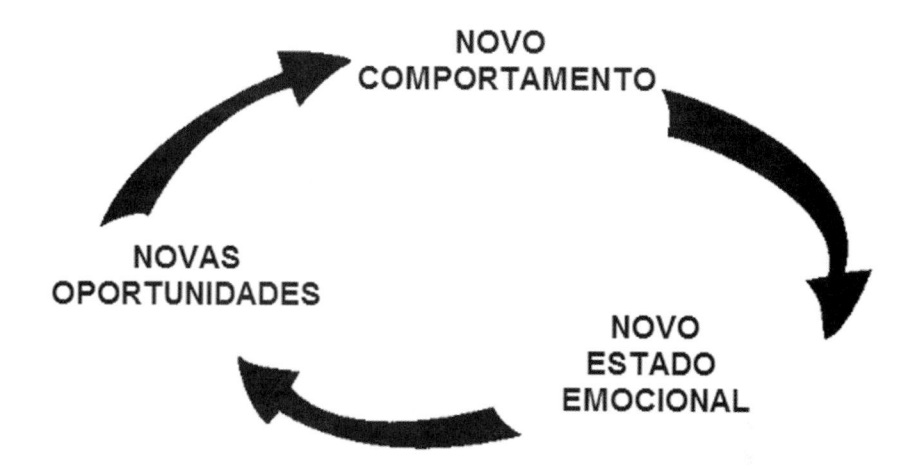

Figura 4.1 Que novo comportamento você pode adotar para iniciar um ciclo de mudança?

Quanto mais disposto você estiver para reconhecer essas possibilidades e aceitar esse comportamento como normal, menos provavelmente você vai se criticar e consequentemente bloquear seu impulso evolutivo. A solução, então, é sustentar seu progresso a longo prazo por meio de uma série de metas realistas a curto prazo que podem ajudá-lo a se adaptar a mudanças graduais em sua posição financeira enquanto passa pela desorientação que é provável que ocorra. Esse movimento gradual, comparado aos sonhos almejados de riqueza muito rápida, resulta em um nível maior de conforto e o potencial para resultados mais duradouros.

Ações

1. Examine seus valores

Para aumentar sua probabilidade de estabelecer metas alcançáveis, examine os vinte valores mais importantes para você. Escreva cada um em seu diário de prosperidade, introduzindo a ele uma declaração começando com "É importante para mim que _____" ou "Eu valorizo _____", tais como:

- É importante para mim que eu passe pelo menos uma hora por dia com meus filhos.
- É importante para mim que eu trabalhe para alguém que valorize meus talentos.
- É importante para mim que eu tenha sucesso como empreendedor.
- É importante trabalhar em um local que forneça plano de saúde.
- É importante encontrar uma fonte contínua de renda residual.
- Eu valorizo a verdade.
- Eu valorizo a compaixão.
- Eu valorizo a confiança.
- Eu valorizo a minha privacidade.
- Eu valorizo a minha relação com meu parceiro (cônjuge, filho).
- Eu valorizo a minha relação com minha igreja (minha religião é um poder superior).
- Eu valorizo um ambiente de trabalho pacífico.
- Eu valorizo receber um salário justo pelo trabalho que faço.

Da lista que você redigiu escolha cinco que não são negociáveis. Considere as declarações escolhidas, as reflexões de valores das quais você não voltará atrás, não importando quão terrível as circunstâncias possam parecer.

2. Suas metas a longo prazo em linhas gerais

Crie um formulário como o que segue, inserindo na coluna da direita as metas que você espera alcançar nos próximos cinco ou dez anos. Seja o mais específico possível.

Esse formulário diferencia patrimônio líquido de renda anual para ajudar que você dê a cada um a atenção que merece. Sua meta de patrimônio líquido será mais abrangente já que ele leva em conta dinheiro disponível, valor de suas posses e sua dívida. Se sua meta é ser um milionário, você precisará de um patrimônio líquido de um milhão de dólares, não uma renda nesse valor. Não se esqueça de que seu patrimônio líquido pode aumentar em resposta aos investimentos prudentes, pagamento de dívida, aumento de economias ou aquisição de posses de grande valor.

Para realizar meus grandes sonhos, ao fim de 7 anos terei:	
A casa dos meus sonhos.	Um sobrado de 3.500 m² com uma sala de estar para a família, uma grande televisão, um escritório para minha esposa, um escritório onde eu possa trabalhar ocasionalmente e praticar meu clarinete e uma cozinha com uma mesa de centro.
Meus companheiros(as) de convivência.	Minha esposa e nossos dois adolescentes.
Minhas fontes de renda.	Meu negócio de edição localizado num centro nobre, investimentos em bens imóveis e uma empresa de internet para minha esposa.
Minha renda anual.	R$ 300.000,00
Meu patrimônio líquido.	R$ 1,4 milhão
Meu círculo social.	Alguns amigos íntimos e um grande grupo de conhecidos.
Minhas atividades em momentos de lazer.	Esquiar com a família, tocar clarinete, ler e visitar amigos.
Meus sentimentos sobre a vida.	Sensação de conforto, aceitação e respeito profissional, segurança financeira, satisfação com meu trabalho e casamento, gratidão pelo tempo passado com minha esposa e meus filhos.

Figura 4.2

Para avaliar suas metas a longo prazo em relação aos seus valores pessoais e sua identidade atual, faça a si mesmo as perguntas a seguir:

• Minhas metas estão afinadas com meus valores pessoais?

• Elas são congruentes com minha identidade financeira atual? Se não são, estou disposto a mudar? Quais alterações posso concordar em fazer?

• Como a realização dessas metas pode afetar meu relacionamento com amigos e família? Estou disposto a experimentar essas consequências? Como eu posso evitar consequências negativas associadas à realização dessas metas?

3. Estabeleça metas de estilo de vida a curto prazo

Para progredir realizando suas metas a longo prazo, estabeleça objetivos a curto prazo baseados em suas respostas para as seguintes perguntas:

• Que medidas eu tenho de tomar para alcançar minhas metas não-financeiras a longo prazo?

• O que tenho de aprender para tomar essas medidas?

• Quais dessas metas estou disposto a me comprometer para os próximos três meses?

• Quais estou disposto a me dedicar nos próximos doze meses?

4. Estabeleça metas financeiras para um ano

Em seu diário de prosperidade, registre metas de um ano mensuráveis que podem deixá-lo mais próximo de suas metas de renda e patrimônio líquido a longo prazo, certificando-se de atualizá-las no fim de cada ano, conforme necessário. Por exemplo, se sua meta a longo prazo é quadruplicar seu patrimônio líquido dentro de sete anos, sua meta de um ano pode aumentar seu patrimônio líquido em 20%; a cada um dos próximos seis anos, planeje ampliar a porcentagem de aumento.

Inclua em suas metas financeiras de um ano, métodos específicos para aumentar tanto sua renda como seu patrimônio líquido. Métodos de possível aumento de renda, incluindo aumentos de salário, maiores lucros comerciais e investimento de maior rendimento. A expansão do patrimônio líquido poderia vir da estimativa do valor de sua casa ou outros bens materiais, maiores economias ou valor de investimentos, ou redução de dívidas.

Leia do princípio ao fim suas metas para um ano pelo menos uma vez por mês, reanimando sua dedicação para com elas. Essas revisões vão ajudá-lo a manter o controle de seu pensamento criativo.

5. Faça um teste de mercado com suas metas financeiras

Para garantir que suas metas financeiras sejam realistas e alinhadas com seus valores pessoais, aja como se você as tivesse alcançado e então investigue suas opções. Enquanto explora suas alternativas para fundos excedentes, por exemplo, imagine que você tem R$ 10.000,00 e comece a ler sobre possibilidades de investimento. Conforme você o fizer, revise seus objetivos, substituindo quaisquer informações errôneas por fatos valiosos.

Depois, pratique fazer investimentos. Se você estiver interessado no mercado de ações, selecione uma ação e comece a "simular", decidindo quantas ações você comprará e a que preço, acompanhando a ação e eventualmente decidindo quando vendê-la. Uma vez que seus lucros excedam seus prejuízos, considere realmente investir em algumas ações.

Igualmente, procurar casas com preços exorbitantes pode ajudar a apurar suas intenções de compra. Se você acha que quer viver em uma vizinhança específica, vá a casas desocupadas que satisfaçam seus critérios e imagine-se realmente vivendo nelas. Faça a si mesmo perguntas práticas: Eu gostaria de cuidar de uma casa desse tamanho? Que mobílias novas eu teria de adquirir? A vizinhança satisfaz minhas exigências de segurança? Como viver aqui afetará meus filhos? Suas respostas para essas perguntas podem convencê-lo a revisar suas metas de estilo de vida.

6. Planeje uma estratégia para alcançar suas metas financeiras

Estratégias comuns para gerar renda incluem negociar prazo para dinheiro, assim como em um trabalho ou seu próprio negócio voltado ao atendimento; comprar mercadorias e vendê-las com lucro; e estabelecer fontes de renda residual, tais como investimentos, direitos autorais de livros e receita de propriedades de aluguel. Uma ou mais dessas estratégias podem ser adotadas para aumentar seus rendimentos. Se você tiver um emprego, por exemplo, você poderia pedir aumento, melhorar sua posição dentro da empresa ou encontrar um emprego melhor. Ou você poderia complementar sua renda do trabalho comprando e vendendo produtos ou construindo renda residual. Outros métodos podem ser adotados para metas relativas à redução de débito ou aumento de economias. Seja qual for a abordagem que você escolher, certifique-se de que coincida com seus valores pessoais, isso vai ajudá-lo a avançar em suas metas de estilo de vida também.

Após se decidir sobre uma estratégia, observe quaisquer novas habilidades ou informações que precisará para implementá-la. Então, incorpore todos os pré-requisitos necessários para seu plano geral.

7. Prepare-se para ajustar suas metas

Estabeleça suas metas com a compreensão que você provavelmente precisará para ajustá-las em resposta às mudanças das circunstâncias internas ou externas que emergirem. Nesses momentos, planeje esclarecer seus pensamentos compartilhando suas preocupações com seu companheiro de prosperidade ou alguém próximo a você.

8. Visualize o cumprimento de suas metas

Por meio da visualização, você pode aumentar sua receptividade para novas oportunidades que surjam em seu caminho. As visualizações mais efetivas incluem imagens mentais e estados emocionais correspondentes. Eis uma técnica útil:

• Sente-se em uma cadeira com suas costas o mais reto possível, pés cruzados nos tornozelos ou apoiados no chão e mãos suavemente apoiadas em seu colo. Para focar sua atenção, respire fundo algumas vezes observando seu peito e abdômen conforme aspira e expira. Se sua mente estiver muito ativa, simplesmente observe-a sem julgar conforme você continua a respirar profundamente.

• Quando você se sentir relaxado, deixe sua respiração voltar ao normal e imagine que você realizou uma de suas metas financeiras ou de estilo de vida a longo prazo. Imagine-se nesse estado de comando, desfrutando de seu sucesso e compartilhando sua satisfação, alegria ou orgulho com os outros. Permaneça com essa imagem e sentimento por alguns minutos.

• Depois, silenciosamente repita afirmações seguidas de sua palavra de força, tais como "Eu realizei minha meta" (palavra de força), "Eu moro na casa dos meus sonhos" (palavra de força), "Meus negócios somam R$ _____ por mês" (palavra de força), ou "Sou solvente e tenho dinheiro mais do que suficiente" (palavra de força). Continue imaginando a experiência de realizar sua meta, incluindo os estados de sentimento que você espera alcançar. Melhore a imagem em qualquer que seja a forma que você desejar, talvez imaginando pessoas com quem você pretende compartilhar os resultados de seus esforços. Se sua mente vagar, gentilmente traga-a de volta a este ponto de foco, saboreando os sentimentos de sucesso. Se o medo ou a ansiedade surgirem, repita sua palavra de força até que o sentimento contraprodutivo dissipe-se.

• Permaneça com a imagem e os sentimentos relacionados pelo tempo que desejar. Quando você estiver pronto, suavemente retome sua atenção para seu corpo, respire profundamente e abra seus olhos.

9. Liberte-se do desconforto de seguir adiante lentamente

Esteja ciente de qualquer desconforto que você venha a ter sobre prosseguir tranquilamente. Mantenha em mente que mentalmente aceite somente uma grande mudança na renda, com a possibilidade correspondente tanto de pagar rapidamente as dívidas como realizar desejos materiais, que podem impedir o progresso. Se você tiver uma dívida significativa, faça seu melhor para superar motivações que proveem de um desejo de gratificação instantânea. Em momentos de dívida, tornar-se solvente muito provavelmente exigirá paciência e um entendimento das emoções que levam à sua necessidade de ter mais do que você pode arcar.

A qualquer momento você notará um desconforto num progresso mais lento que o esperado. Repita declarações apropriadas com sua palavra de força, tais como:

- Estou disposto a diminuir a velocidade para seguir adiante. (Palavra de força.)
- Eu me liberto da minha resistência de desenvolver uma estratégia funcional. (Palavra de força.)
- Eu quero desenvolver uma estratégia funcional. (Palavra de força.)
- Eu me permito desenvolver uma estratégia funcional. (Palavra de força.)
- Eu tenho uma estratégia funcional. (Palavra de força.)
- Estou disposto a ajustar minhas expectativas. (Palavra de força.)
- Eu me liberto do meu medo de fazer mudanças. (Palavra de força.)
- Estou disposto a utilizar dinheiro ou cheque em vez de cartões de crédito. (Palavra de força.)
- Eu tenho dinheiro suficiente para comprar o que eu precisar. (Palavra de força.)
- Eu me liberto de meu medo de solvência. (Palavra de força.)
- Eu quero ser solvente. (Palavra de força.)
- Eu sou solvente. (Palavra de força.)
- Eu ganho fácil e constantemente _____ reais por mês. (Palavra de força.)

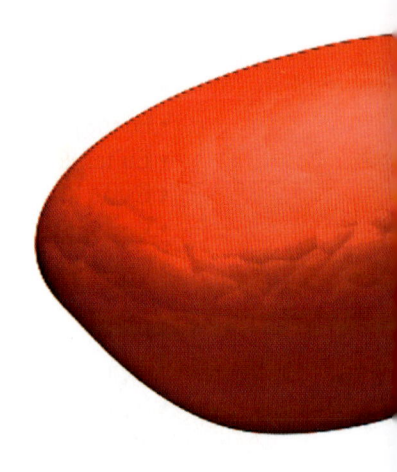

E<small>M</small> BUSCA <small>DE</small> <small>UMA</small>

Nova Identidade

F<small>INANCEIRA</small>

PARTE II

INTRODUÇÃO

Moldada por nossos pensamentos, crenças, emoções, comportamentos e relacionamentos referentes ao dinheiro, nossa identidade financeira é um aspecto de nossa personalidade. Quando a personalidade muda, a identidade financeira, um determinante de nossa saúde financeira, também muda. De maneira interessante, estudos demonstram que quando pacientes com Distúrbio de Identidade Dissociativa (DID) [DID – Dissociative Identity Disorder] ou Distúrbio de Personalidade Múltipla (DPM) [MPD – Multiple Personality Disorder] mudam de personalidade, eles apresentam uma transformação correspondente em sua psicologia. Candace Pert, Ph.D., neurocientista e autor de *Molecules of emotion*, disse em um CD intitulado *Your Body is Your Subconscious Mind*: "Pessoas literalmente têm corpos diferentes quando têm personalidade(s) diferente(s)".

Li isso pela primeira vez no início da década de 80, época em que eu tive tanto desordens físicas quanto problemas financeiros. Percebi então a interconexão entre a mente, o corpo e a saúde financeira, e concluí que para se tornar física, emocional e financeiramente saudável eu tinha de "mudar" de personalidade, substituindo minha personalidade disfuncional financeiramente doente e necessitada por uma que fosse saudável, forte e capaz de gerar prosperidade. Eu não tenho dúvida de que a transformação resultante contribuiu para minhas circunstâncias financeiras posteriormente melhoradas.

Começar a transformar sua personalidade para alcançar a saúde financeira, pode ajudar a entender que todo mundo tem uma variedade de personalidades, demonstrada em diferentes situações, tais como no trabalho, em reuniões ou em encontros de amigos ou família. De fato, de acordo com dr. Frank W. Putnam, M.D., autor de *Diagnosis and treatment of multiple personality disorder*, pessoas com Transtorno de Personalidades Múltiplas diferem-se de indivíduos saudáveis somente em termos de grau: elas se dissociam em uma medida maior entre personalidades e têm poucas memórias cruzadas.

Para melhor compreender como as personalidades diferentes podem afetar a saúde financeira, visualize seu corpo como uma pensão que aloja um elenco de personagens que podem incluir uma criança interna ferida buscando consolo, um pai crítico determinado a enfraquecer a autoconfiança do filho, um adolescente rebelde sem responsabilidades financeiras e um adulto sensato que entende que a pensão precisa funcionar efetivamente e que administra o dinheiro de forma bem-sucedida, conforme apresentado na figura 2.1. Cada personagem desempenha um importante papel no funcionamento da pensão e assume a responsabilidade periodicamente: em relações familiares, quem está na administração pode ser o pai crítico; no local de trabalho, o adolescente rebelde; e em circunstâncias desafiadoras, a criança carente. Idealmente, o adulto sensato mantém autoridade em situações referentes à administração do dinheiro, embora para muitas pessoas a personagem se senta calmamente no fundo, para outras ela atua fora de suas funções, resultando em problemas financeiros.

Frequentemente, por exemplo, a criança carente, o adolescente rebelde ou o pai crítico controlam o comportamento, levando sentimentos de desconforto, endividamento excessivo, má remuneração, falta de controle contábil, compra compulsiva, recusa ao pagar os impostos ou atraso crônico de pagamento de contas.

O adulto sensato pode assistir ao drama até que os outros peçam ajuda expressando seu compromisso, momento em que o adulto sensato pode coordenar mais prontamente uma equipe para promover comportamentos financeiros saudáveis.

Para estabelecer uma identidade financeira caracterizada por administração financeira responsável, é essencial reconhecer e sustentar o adulto sensato dentro do que você frequentemente espera, por um compromisso consciente de outros jogadores antes de assumir a autoridade. Enquanto muda o controle para esse personagem, você também pode usar técnicas para satisfazer e confortar os outros personagens que disputam atenção, para que eles não sintam mais a necessidade de impor seu poder. Então, todos os personagens são instruídos a trabalharem juntos, tornando-se capazes de ajudá-lo a progredir para circunstâncias da vida mais satisfatórias.

Figura 2.1 Quem vive em sua pensão?

Incentivando o adulto sensato a assumir a responsabilidade, uma pessoa pode significativamente mudar seu comportamento, transformando-se de devedor mal remunerado e dependente em um indivíduo que demonstra autoconfiança e independência financeira. E por causa da orquestração envolvida, uma metamorfose dessas não resulta em uma rápida mudança de personalidade como ocorre em DID, mas desdobra-se gradualmente, por um extenso período de tempo, como o quadrado se transformando em círculo demonstrado na figura 2.2.

Figura 2.2 Quão devagar você está disposto a mudar sua personalidade para alcançar a saúde financeira?

Enquanto se movem conscientemente por meio de uma transformação significativa, as pessoas percebem súbitas mudanças que ocorrem quase que diariamente. Uma pequena mudança de atitude, por exemplo, pode levar a um novo pensamento que estimula uma emoção mais confortável e comportamento funcional, os quais podem catalisar melhorias menores, porém perceptíveis nas circunstâncias da vida. Com o tempo, esses *upgrades* incrementais podem equivaler a uma modificação maior na posição de vida. O mesmo é verdadeiro no crescimento financeiro.

Abordar uma mudança menos consciente, por outro lado, pode facilmente levar à estagnação. Muitas pessoas que procuram mudar rapidamente sua posição financeira, alterando alguns comportamentos financeiros na esperança de acumular riqueza rapidamente, sentem-se desencorajadas quando somente uma pequena mudança em sua situação financeira ocorre. E quando uma rápida mudança realmente surge, tal como a infusão inesperada de uma grande quantia em dinheiro, ela tende a provocar rompimento na "pensão" até que ajustes internos e externos sejam feitos, geralmente durante um extenso período de tempo. Por essa razão, manter-se ciente sobre as sutilezas e entender que você está se transformando, e não fazendo acrobacias para uma nova posição financeira, pode tornar o processo mais satisfatório e agradável.

Indivíduos que adotam uma abordagem holística conforme fazem alterações menores a elementos de sua identidade financeira permanente, melhoram sua relação com o dinheiro. Recaídas ocasionais devem ser esperadas apesar de grande determinação, entretanto, por causa dos aspectos de uma identidade estabelecida podem ser fortes o suficiente para dificultar o progresso. Por exemplo, Denise, uma proprietária comercial autodegradante de cinquenta anos, cujo padrão financeiro era ter somente dinheiro suficiente, fez mudanças suficientes em sua identidade financeira para ser capaz de reservar US$ 10.000 e continuar economizando várias centenas de dólares por mês. Após orgulhosamente manter esse excedente por mais de um ano, ela se tornou segura ao pensar em si mesma como tendo dinheiro mais do que suficiente e, deste modo, decidiu expandir seus negócios. Mas não muito depois dos novos lucros começarem a entrar, Denise, não acostumada a administrar tanto dinheiro e agora extremamente ocupada, ficou atrasada com seu registro contábil. Seis meses após começar a expansão, ela percebeu que havia comprado muito equipamento de escritório no crédito e devia quase tanto quanto ela tinha economizado. Mais uma vez ela voltou ao seu padrão familiar de ter só o dinheiro suficiente.

Por causa de sua perspectiva holística, Denise era capaz de analisar a situação sem retroceder ao seu velho hábito de se degradar. No processo, ela descobriu que estava abrigando medos sobre o efeito de riqueza em seu estilo de vida, que tinha provavelmente levado à recaída para seu velho padrão financeiro. Como resultado, compreendeu que desenvolver uma nova identidade financeira pode incluir tomar algumas medidas inversas em benefício do crescimento integrado. Depois de alguns meses, Denise voltou ao controle com a compreensão de que prestar atenção em seu dinheiro era essencial para desenvolver uma identidade financeira saudável.

Para minimizar o efeito do Fator de Identidade conforme você supera os cinco exercícios da Parte II, você vai gradual e conscientemente substituir os pensamentos, crenças, emoções e comportamentos que sustentam sua identidade financeira atual. Assim como o sistema de musculação inclui exercícios específicos para músculos individuais, tais como bíceps, tríceps e deltóides, este programa para desenvolver músculos financeiros exige alterar PCEs e comportamentos financeiros para avançar em direção a um futuro seguro e confortável. E assim como vários músculos físicos se movem simultaneamente durante uma rotina de exercício, os PCEs funcionam como uma unidade para influenciar o comportamento financeiro (vide figura 2.3). Como resultado, alterar um automaticamente afetará os outros e mudará a dinâmica de sua situação financeira.

Nas inter-relações de PCEs e seus efeitos sobre o comportamento financeiro, considere o simples ato de pagar uma fatura de cartão de crédito. O pensamento "Eu preciso pagar essa fatura", quando acompanhado pela crença "Não pagar essa fatura pode prejudicar minha taxa de crédito" combinada com o medo das consequências do não-pagamento, estimulam um comportamento – pagar a fatura.

Embora os elementos PCEs estejam inter-relacionados, olhá-los individualmente, como nos exercícios 5, 6 e 7, provê caminhos menos complexos e mais concretos para a mudança. Já que para muitas pessoas, os pensamentos são mais fáceis de reconhecer do que crenças ou emoções, esta seção do livro origina-se por substituir pensamentos limitantes e trabalhar com crenças e emoções antes de examinar os comportamentos financeiros e as relações refletidas pelas suas finanças. Na realidade, as ações para esses exercícios são efetivas quando desempenhadas em qualquer ordem.

Finalmente, mudar em busca de uma nova identidade financeira, focando em pensamentos financeiros, crenças e emoções não teria sentido sem um entendimento sobre PCEs pessoais. Como as relações financeiras refletem as relações consigo próprio, algumas ações nesta seção envolvem PCEs sobre a própria pessoa e comportamentos correspondentes.

Figura 2.3 Como seus PCEs interagem para fortificar um comportamento financeiro?

EXERCÍCIO 5

Você deve se tornar um sucesso financeiro em seu pensamento bem antes de alcançá-lo em sua realidade.

BRIAN TRACEY

$\mathbf{Em}$ bora as rotinas de musculação enfatizem exercícios físicos para específicos grupos de músculos, a atitude dos atletas também contribui para seu sucesso final. Frequente autoestímulo, expectativas de resultados positivos e uma disposição de seguir as instruções de seus treinadores, tudo leva ao progresso do fisiculturista. Semelhantemente, qualquer programa designado para desenvolver músculos financeiros deve incluir o desenvolvimento de pensamentos positivos sobre si mesmo e dinheiro que contribuem para o bem-estar e realização de metas financeiras.

A necessidade de substituir pensamentos financeiros improdutivos se torna evidente assim que se aceite a ideia de que os pensamentos, crenças e emoções de uma pessoa criam sua realidade. Torna-se então aparente o quanto uma conversa negativa consigo mesmo contribui para a má remuneração, perda financeira ou endividamento crônico. Muito frequentemente, essa negatividade é acoplada à preocupação sobre perdas potenciais ou sobre consequências terríveis resultantes de fundos insuficientes. Mas quando a mente é preenchida por pensamentos positivos e expansivos, torna-se possível, de acordo com essa premissa, gerar recursos financeiros substanciais.

Nunca se trata de dinheiro

Atrás de qualquer diálogo interno sobre finanças, encontram-se questões mais profundas a respeito de nossos relacionamentos conosco e com outras pessoas. Desenvolvendo pensamentos que traduzem uma melhor relação com o dinheiro, portanto, é exigido algum entendimento sobre o que seus pensamentos financeiros atuais realmente representam. Uma boa forma de descobrir as verdadeiras questões que estão sendo expressadas pelos seus pensamentos sobre o dinheiro é interrompendo-os com a frase "Nunca se trata de dinheiro e sempre de minha relação comigo mesmo e com os outros", e então examinar o que seus problemas financeiros de fato refletem.

Donna, por exemplo, reclamava frequentemente que a irresponsabilidade financeira de seu marido Bob estava impondo muita pressão sobre ela e fazendo com que se preocupasse caso algo acontecesse, pois não teriam recursos para cobrir despesas médicas ou até mesmo despesas diárias. Depois de chamar a atenção de Donna para o fato de que o dinheiro não era o problema, eu pedi que ela me dissesse o que realmente a preocupava. Ela me explicou que ela e Bob não tinham ninguém para quem pedir ajuda e ela tinha medo de estar com problema e totalmente sozinha. Após maiores questionamentos, ela se lembrou de que quando estava no ensino fundamental, seus pais trabalhavam e insistiam para que ela fosse para casa imediatamente após a escola, todos os dias. Como eles não eram amigáveis com seus vizinhos, Donna, filha única, perguntava-se o que faria se algo acontecesse a ela quando estivesse sozinha. E, de fato, crises pequenas ocasionalmente surgiam, assustando-a por alguns dias.

Donna também percebeu que ela estava zangada com Bob por ele não lhe dar muito apoio emocional, e ela viu que pensar em sua situação financeira era mais seguro do que expressar sua raiva ou pedir-lhe para ser mais empático, o que poderia somente afastá-lo. Ela então concluiu que suas preocupações com dinheiro eram realmente por sentir-se abandonada. Logo, Donna começou a praticar técnicas para libertar-se da raiva e aprofundar suas relações com os outros, o que reduziu sua turbulência mental.

Ao mesmo tempo, ela e Bob aprenderam a comunicar suas verdadeiras preocupações, eliminando muito da tensão entre eles. E quanto mais honestos eles se tornavam um com o outro, menos se focavam nos problemas financeiros. Logo, em vez de brigar por problemas financeiros potenciais, eles começaram a investigar as estratégias de produção de renda. No processo, Donna e Bob começaram a entender que suas fixações sobre catástrofe financeira tinham mascarado as necessidades emocionais latentes – uma consciência que os ajudou a abordarem suas finanças com uma visão compartilhada.

De quem é a voz que você está ouvindo?

Como a relação com o dinheiro reflete em parte a relação consigo mesmo, a natureza da conversa interior pode afetar sua situação financeira. Consequentemente, é importante determinar as origens e pontos de vista de suas vozes internas. Vendo-se como uma pensão, perceba que cada uma das personalidades que vivem dentro de você tem sua própria voz expressa em pensamentos. Quando você se veste de manhã, por exemplo, seu pai crítico pode dizer: "Suas roupas estão horríveis e seu cabelo uma bagunça. As pessoas vão pensar que você é um verdadeiro idiota". A criança carente pode rebater: "Eu nunca tenho dinheiro suficiente para comprar roupas novas". Ou o adolescente rebelde pode resmungar: "Eu não me importo com o que eu pareço ou com o que os outros pensam". O adulto sensato, por outro lado, mais provavelmente diria: "Suas roupas estão boas assim como estão e de qualquer forma sua vida interior é a coisa mais importante".

Por causa dos PCEs criados na sua realidade, conclui-se que o coro de vozes internas que habitualmente representam seu drama em sua cabeça determinam os pensamentos que você considera sobre si mesmo e sobre seu dinheiro. Um tom positivo promove uma experiência de vida agradável e uma posição financeira confortável, enquanto um pensamento negativo ajuda a trazer o efeito oposto. Felizmente, se o pensamento negativo se torna um hábito, com determinação ele pode ser substituído.

Mudando a natureza de sua conversa consigo mesmo, você pode conseguir melhores relações e uma nova posição financeira. Por exemplo, substituir o pai crítico em sua cabeça por uma mãe ou pai de criação que frequentemente o elogia e incentiva provavelmente vai ajudá-lo a estabelecer uma relação de amor e apoio com você mesmo, que será refletida física, emocional e financeiramente.

Desenvolvendo novos hábitos de pensamento

Substituir pensamentos que mantém você preso financeiramente por pensamentos que levam ao aumento de prosperidade exige vigilância e dedicação para desenvolver novos hábitos de pensamento. A vigilância começa notando o tom de seu diálogo interno e como ele pode estar dificultando seu progresso financeiro. Utilizando a figura 5.1, familiarize-se com as diferenças de tom que distinguem pensamentos produtivos dos improdutivos, então os relacione com seus próprios hábitos de pensamento. Toda vez que você se nota cedendo a um pensamento improdutivo, considere como isso pode causar impacto em suas finanças. Talvez você habitualmente repita memórias de não ter sido emocionalmente apoiado por sua família. Esse tipo de pensamento pode transformar-se em má remuneração ou endividamento crônico. Uma vez que você se torna consciente de seu pensamento improdutivo, pode escolher focar-se no presente em vez de no passado e notar o apoio que recebe dos outros, gerando, desse modo, pensamentos com um tom positivo.

Pensamentos Improdutivos	Pensamentos Produtivos
Preocupações sobre o futuro.	Esperança para o futuro.
Arrependimentos sobre o passado.	Aceitação do passado.
Uso de palavras negativas, tais como "não consigo" e "não farei".	Uso de palavras de afirmação e positivas, tais como "eu posso" e "eu farei".
Fixação de métodos antigos.	Abertura para novas possibilidades.
Sentimentos de vitimização.	Expectativas de melhorar suas circunstâncias.
Desconsideração com você mesmo ou com suas habilidades.	Confiança em si mesmo e em suas habilidades.
Pressentimentos de deficiência.	Gratidão pelo que você tem.
Desrespeito por suas realizações.	Respeito por suas realizações.
Autocrítica.	Auto-elogio

Figura 5.1

Preocupações sobre o futuro encabeçam a lista de pensamentos improdutivos e simbolizam o pensamento de pessoas profundamente envolvidas em problemas financeiros. Esse tipo de pensamento é particularmente inibidor porque emite atenção negativa sobre condições que não existem, contribuindo potencialmente para sua manifestação. Semelhantemente, arrependimentos sobre comportamentos ou circunstâncias do passado dificultam o progresso, porque direcionam a atenção para antigas mágoas e deste modo, possivelmente reforçam velhos estados de ser. Presumir resultados prósperos sem se arrepender do passado ou preocupar-se com o futuro produz comportamentos mais funcionais. E para a maioria das pessoas, desenvolver tal visão positiva exige prática considerável.

Acalmando a mente

O maior desafio para alterar padrões de pensamentos habituais, vêm da natureza de uma mente destreinada, que tende a saltar de um ponto de foco para outro, conforme vozes múltiplas na pensão disputando atenção. Para funcionar efetivamente como uma equipe, todo o elenco de personagens internos deve tomar uma decisão em grupo para atender a orientação do adulto sensato, a parte que conhece a individualidade proposta e como preencher isso.

Certos personagens dentro de você podem clamar por riqueza momentânea, por exemplo, enquanto o adulto sensato, sabendo que isso não estaria dentro de seus melhores interesses, pode orientá-lo a planejar um aumento da sua renda que honra seus valores e cultiva sua expressão criativa. Ao mesmo tempo, você pode sentir-se estimulado em aumentar sua consciência financeira e empregar técnicas de administração financeira, ambas as situações iriam lhe dar uma maior capacidade de lidar com mais renda. Mas toda essa orientação pode somente ser ouvida se você escutar com a mente tranquila.

Pensamentos alterados e o Fator de Identidade

Somente a resistência de ter uma personalidade caracterizada por alegria e satisfação pode bloquear a mudança de pensamento negativo para positivo. Apesar dos sonhos que as pessoas têm de experimentar satisfação e alegria diariamente, quando começam a alcançar esses traços de personalidade frequentemente tendem a resistir e retroceder a antigos padrões de pensamento, porque não estabeleceram rotinas para responder aos resultados consistentemente positivos. Na verdade, sentir-se frequentemente bem, um efeito colateral de pensamento positivo, pode confundir os indivíduos que recebem uma determinada quantidade de conforto de estados familiares ou de angústia.

Além de gravitar em direção ao conforto de estados familiares recém-chegados, altera hábitos de pensamento também influenciados por expectativas anteriores. Quando a vida parecer ir muito serenamente por semanas, por exemplo, aqueles acostumados às dificuldades periódicas tendem a esperar a ocorrência de algo desagradável – um pensamento improdutivo que pode muito bem influenciar a realidade. Felizmente, a consciência sobre esses tipos de resistência pode manter o pensamento positivo ativo.

Ações

As ações para este exercício podem ajudá-lo a aumentar a consciência de seus padrões de pensamento atual, ensinando como acalmar sua mente e desenvolver um foco. Elas também proveem assistência para estabelecer pensamentos novos e mais produtivos que levam a uma identidade financeira mais funcional capaz de promover prosperidade.

1. Estabeleça intenção de ouvir seus pensamentos

Mudar seu diálogo interno permitindo que uma nova identidade financeira surja, começa com o desenvolvimento da consciência de seus pensamentos atuais sobre dinheiro, especialmente aqueles que causam desconforto. Se você ainda não desenvolveu o hábito de prestar atenção em seus pensamentos, especialmente sobre dinheiro, faça uma declaração de intenção, tal como "Estou disposto a dar atenção à natureza de meus pensamentos". Para desenvolver o hábito de focar em seus pensamentos, espalhe notas com essa declaração de intenção por toda sua casa, incluindo uma próxima a sua cama para ser lida pela manhã. Além disso, compartilhe sua intenção com seu companheiro de prosperidade e a escreva em seu diário de prosperidade.

2. Registre seus pensamentos sobre dinheiro e seu significado latente

Uma vez que você se torna acostumado a ouvir seus pensamentos sobre dinheiro, a próxima etapa para mudar seu diálogo interno para que uma nova identidade financeira possa surgir é descobrir seu verdadeiro significado. Para fazer isso, durante o dia, conforme começa a notar os pensamentos que estão relacionados às suas finanças, registre-os em seu diário de prosperidade e depois determine sua importância em relação a você mesmo e aos outros, conforme demonstrado na figura 5.2.

3. Selecione os pensamentos de substituição

Uma vez que você entenda o que está realmente dizendo com suas atitudes em relação ao dinheiro, você pode tomar uma decisão consciente para substituir pensamentos mais positivos. Liste seus pensamentos atuais sobre dinheiro e selecione um substituto para cada um que seja improdutivo (vide figura 5.3). Não se esqueça das metas que você estabeleceu no exercício 4, e escolha os pensamentos que sustentarão seu desdobramento.

4. Observe as vozes na sua cabeça

Determine quais personagens em sua pensão estão se expressando por meio de sua conversa consigo mesmo. A criança carente, o adolescente rebelde e o pai crítico influenciam os diálogos mais internos. Utilizando a figura 5.4 como exemplo, correlacione pensamentos que você tem com seus personagens internos e determine como seu adulto sensato pode responder a cada situação.

5. Marque o início de um caráter positivo

Além de reconhecer o papel orientador do adulto sensato, convide outro ocupante afirmativo de sua pensão, tal como um padrinho de criação, que ama você independente do que você pensa ou faz, ou um pai ideal que o proteje e orienta ou um anjo, figura religiosa, ou protagonista fictício, ou celebridade cujas qualidades você admira. Mais importante, escolha um personagem que lhe fortalecerá por meio do elogio e incentivo, dizendo-lhe o dia todo "Você está fazendo um ótimo trabalho" ou "Você é ótimo!". Certifique-se de que esse personagem encha você de elogio quando você se comportar de forma produtiva com suas finanças controlando seu dinheiro, evitando o gasto excessivo ou economizando uma pequena quantia.

Além disso, expulse o pai crítico, explicando que chegou a hora de você se conectar de forma consistente com seu caráter positivo para ganhar confiança. Se necessário, imagine-se ajudando o pai crítico a fazer as malas e mudar-se, depois preparando uma festa de despedida.

Pensamentos Atuais	Significado
Estou quebrado.	Estou sozinho e não tenho ninguém para pedir ajuda.
Se eu não pagar minhas contas, estarei com sérios problemas.	Eu sou uma pessoa ruim e espero ser punido.
Preciso conseguir um cartão de crédito com juros menores, mas não sei como fazer isso.	Sinto-me preso por minha situação e quero que alguém me ajude a ficar mais confortável.
A forma com que tenho gastado dinheiro é realmente terrível.	Eu tenho baixa auto-estima e preciso afirmar minha auto-estima.
Eu gostaria de ter mais dinheiro para que pudesse fazer mais coisas.	Eu gostaria que houvesse mais pessoas em minha vida para que eu pudesse me sentir mais relacionado.
A forma com que lido com meu dinheiro é realmente estúpida.	Eu sou irresponsável e tenho vergonha de mim mesmo.

Figura 5.2

Pensamentos Atuais	Substituição de Pensamentos
Estou quebrado.	Eu sou capaz de acumular o dinheiro que preciso.
Se eu não pagar minhas contas logo, estarei com sérios problemas.	Eu começarei a controlar melhor meu dinheiro para que não entre em apuros novamente.
Preciso conseguir um cartão de crédito com juros menores, mas não sei como fazer isso.	Vou encontrar uma forma de pagar minha dívida e negociar um acordo melhor com as empresas de cartão de crédito.
A forma com que tenho gastado dinheiro é realmente terrível.	Estou disposto a estabelecer limites para mim mesmo e descobrir por que preciso gastar tanto.
Eu gostaria de ter mais dinheiro para que pudesse fazer mais coisas.	Estou disposto a ver como meu foco sobre o dinheiro define quem eu sou e o que isso realmente significa.
A forma com que lido com meu dinheiro é realmente estúpida.	Eu tenho a opção de me relacionar com o dinheiro de forma diferente.

Figura 5.3

Pensamento	Personagem	Adulto Sensato
Estou quebrado e não posso comprar o que quero.	Criança carente.	Você merece o melhor que a vida tem para oferecer e nós podemos trabalhar juntos para conseguir o suporte que você precisa, sem considerar o dinheiro.
Eu realmente sou péssimo para cuidar do meu dinheiro. Não é de admirar que eu nunca tenha o suficiente.	Pai crítico.	Vamos trabalhar junto para aprender mais sobre dinheiro. Você é uma boa pessoa e pode ter o que quiser.
Vou comprar o suéter agora com meu cartão de crédito e me preocupar em pagá-lo depois.	Adolescente rebelde.	Se estiver disposto a esperar pelo suéter até quando você puder pagar à vista, você se sentirá muito melhor em relação a você mesmo e desenvolverá uma atitude financeira mais saudável. O que você realmente precisa agora que você está tentando consertar com a compra do suéter?

Figura 5.4

6. Foque no presente

Por causa de muitos medos financeiros estarem relacionados ao futuro, uma perspectiva desconhecida, você pode desenvolver um ambiente mental mais produtivo permanecendo focado no presente. Enquanto se preocupa sobre o que pode acontecer no futuro, pergunte-se se você tem o que precisa no momento, tal como comida suficiente para o dia, um lugar para morar e roupas para vestir. Essas perguntas reduzirão a ansiedade e prepararão o caminho para pensamentos mais produtivos. Depois, peça ao personagem positivo que você criou para ajudá-lo a resolver suas preocupações sobre o futuro. Então, escolha um curso de ação, realize a pesquisa necessária para avaliar a possibilidade de sua decisão e mexa-se para resolver suas preocupações, todas formas saudáveis de preparar-se para o futuro enquanto permanece focado no presente.

Se sua mente estiver ocupada com arrependimentos referentes aos eventos do passado ou pensamentos sobre o que seus pais ou outros fizeram ou não, pergunte-se como agarrar-se ao passado servirá para manter sua identidade e sua posição financeira atual. Quando se tornar claro que pensamentos do passado obstruem sua realização de metas pessoais e financeiras, decida ativamente deixá-los de lado.

7. Use afirmações para libertar-se da negatividade

Afirmações podem ajudar a substituir pensamentos negativos e afetar profundamente muitos aspectos de sua vida. Para transformar pensamentos improdutivos e livrar-se do medo de mudar sua identidade, escolha várias afirmações para repetir em vários momentos do dia junto com sua palavra de força.

A seguir constam exemplos de afirmações úteis:

- Eu me liberto da minha necessidade de me criticar. (Palavra de força.)
- Eu me liberto do meu medo de mudar meus pensamentos. (Palavra de força.)
- Eu me permito mudar meus pensamentos. (Palavra de força.)
- Eu quero mudar meus pensamentos. (Palavra de força.)
- Eu posso mudar meus pensamentos. (Palavra de força.)
- Eu me liberto da minha necessidade de me agarrar ao passado. (Palavra de força.)
- Eu me permito deixar os pensamentos do passado de lado. (Palavra de força.)
- Estou disposto a ter pensamentos positivos sobre mim mesmo. (Palavra de força.)

• Eu me permito ter pensamentos positivos sobre minhas finanças. (Palavra de força.)

• Estou disposto a ter pensamentos positivos sobre minhas finanças. (Palavra de força.)

• Eu tenho direito de ter pensamentos positivos sobre minhas finanças. (Palavra de força.)

• Estou disposto a pensar em mim mesmo como financeiramente seguro. (Palavra de força.)

• Eu me liberto do meu medo da nova pessoa que estou me tornando. (Palavra de força.)

• Eu tenho a capacidade de mudar minha vida em uma direção positiva. (Palavra de força.)

• Eu tenho o que preciso para viver uma vida completa e satisfatória. (Palavra de força.)

• Eu mereço o melhor que a vida tem para oferecer. (Palavra de força.)

8. Acalme sua mente

Em um estado meditativo, seu cérebro oscila lentamente e torna-se mais fácil atravessar de seu consciente para seu subconsciente, abrindo-o para níveis mais profundos de intuição e outros recursos e habilidades inconscientes. Desse modo, meditar diariamente não somente pode acalmar sua mente, como treiná-lo para focar-se no presente e ajudá-lo a conectar-se ao seu adulto sensato interior para orientação na criação de uma vida pacífica, produtiva e próspera. Se você nunca meditou antes, comece fazendo o seguinte exercício básico por 5 minutos ao dia, gradualmente aumentando para 20 minutos.

• Escolha um local limpo e calmo na sua casa ou na natureza.

• Cruze suas mãos em seu colo e feche seus olhos. Respire 10 vezes profunda e lentamente, prestando atenção na sua respiração conforme você aspira e expira. Então, permita que sua respiração volte ao normal enquanto percebe cada respiração.

• Em vez de tentar interromper ou julgar seus pensamentos, simplesmente observe-os como se eles formassem um rio e você estivesse de pé em sua margem vendo-o correr.

• Conforme sua mente começar a se acalmar, escolha uma frase para repetir para você mesmo, tal como "Eu estou na luz e estou preenchido pela luz", "Eu sou paz" ou "Eu sou amor". Se sua mente vagar, gentilmente traga-a de volta.

9. Visualize um fluxo livre de receita

Enquanto medita, visualize o que você espera alcançar como já tendo acontecido, estimulando, dessa forma, seu subconsciente a ajudar a criar as circunstâncias. Para melhorar sua situação financeira, por exemplo, visualize-se trabalhando em um emprego onde você é bem remunerado, toma decisões prudentes sobre investimento e geralmente desfruta de um estilo de vida próspera. Utilizando imagens mais concretas, você pode querer ver-se velejando em um mar de dinheiro ou em uma sala cheia de moedas de ouro. Ou você poderia visualizar-se em uma consulta com um conselheiro financeiro ou amigos financeiramente perspicazes que o estão ajudando a lidar com o dinheiro.

Conforme você faz isso, note qualquer resistência ou desconforto que você tenha e utilize a técnica da palavra de força para contrapor-se. Por exemplo, você pode dizer a si mesmo:

- Eu me permito ter sonhos. (Palavra de força.)
- Eu tenho o poder de permitir que meus sonhos se tornem realidade. (Palavra de força.)
- Eu me liberto da minha resistência à segurança financeira. (Palavra de força.)
- Eu me liberto do meu medo de segurança financeira. (Palavra de força.)
- Eu aprecio a liberdade financeira. (Palavra de força.)
- Eu me permito criar liberdade financeira. (Palavra de força.)
- Meus cofres estão cheios. (Palavra de força.)
- Eu tenho o direito de ser feliz e livre. (Palavra de força.)
- Eu me liberto de querer e manifestar satisfação. (Palavra de força.)

10. Faça exercícios mentais com números

Como lidar com dinheiro exige facilidade com números, fazer exercícios numéricos desenvolve músculos financeiros e ajuda a eliminar pensamentos habituais. Comece com uma tarefa simples como multiplicar um número escolhido sequencialmente, tal como multiplicar 8 para chegar a 16, 24, 32 e assim por diante. Ou começando com 8, some um número selecionado, tal como 5, repetidamente. Conforme os cálculos mentais se tornarem mais fáceis, tente resolver uma combinação de funções, tal como adicionar 5 a um número, então o multiplique por 3 e finalmente divida-o por 2.

Passar a limpo operações matemáticas mais complexas também serve para ocupar a mente e aumentar a perspicácia de alguém com números. Comece fazendo duas colunas de números e dez linhas, e some-os sem usar a calculadora. Embora agora tenhamos muitas ferramentas para manipular números, trabalhar com eles manualmente pode aumentar sua disposição para ocupar-se com números e deste modo sua habilidade de concentrar-se em sua situação financeira.

11. Foque no cumprimento de suas metas

Em vez de se preocupar com o passado ou com o futuro, comece a trabalhar com sua mente. Comece proativamente substituindo o tempo gasto lamentando sobre dinheiro por atividades mentais estimuladoras que podem melhorar suas habilidades financeiras ou revelar novas formas de atingir suas metas financeiras. Talvez você se junte aos outros para tomar decisões de investimento ou fazer pesquisa financeira. Se você não conhece ninguém com quem pode ter esse tipo de conversa, considere participar de um fórum financeiro on-line ou sala de bate-papo, onde possa fazer perguntas e adquirir novas informações.

ADOTANDO
Crenças Financeiras
FUNCIONAIS

EXERCÍCIO 6

Toda vez que você gasta dinheiro, você está dando um voto para o tipo de mundo que você quer.

ANNE LAPPE

$\mathbf{P}\mathbf{a}$ ra desenvolver uma relação saudável a longo prazo com o dinheiro, é necessário ter certas crenças tanto sobre seu lugar no mundo e o dinheiro em si. Crenças positivas e funcionais, tais como "Eu sou uma pessoa bem-sucedida", "Eu posso fazer um bom trabalho cuidando de dinheiro" ou "Pessoas ricas são generosas e confiáveis", contribuem para um conjunto de pensamentos de prosperidade. Por outro lado, crenças limitadoras e negativas, tais como "Não importa o que eu faça, eu não consigo ganhar dinheiro suficiente", "Pessoas ricas são gananciosas" ou "Eu me comporto mal com dinheiro", podem impedi-lo de realizar suas metas financeiras.

Embora, histórico cultural e familiar, junto com respostas individuais para experiências de vida, contribuam para tornar o conjunto de crenças de uma pessoa tão único quanto suas impressões digitais, muitas pessoas mantêm crenças semelhantes relacionadas ao dinheiro e sua identidade financeira. E conforme se descobre isso, essas crenças podem contribuir para resultados financeiros.

Para facilitar uma mudança nos PCEs que melhorarão seu relacionamento com o dinheiro é, portanto, útil contrastar crenças limitadoras comuns que dificultam a construção de uma fundação financeira segura com crenças funcionais que ajudam a alcançar o sucesso financeiro.

Crenças Financeiras Predominantes

Crenças financeiras podem tanto limitar o progresso, como fornecer oportunidades para o crescimento e a prosperidade. Crenças comuns que afetam as finanças podem ser divididas em quatro categorias, conforme demonstrado na figura 6.1.

Para ajudá-lo a descobrir suas crenças financeiras operantes e para que você possa mudá-las, comece prestando atenção aos seus pensamentos e emoções referentes à riqueza. Declarações críticas que você venha a fazer sobre o que os outros fazem com seu dinheiro ou julgamentos sobre o caráter das pessoas em grupos de alta renda significariam crenças negativas que você tem sobre riqueza e suas consequências. Em termos da sua própria vida, se você habitualmente pensa em dar dinheiro e responde ansiosamente sobre ter fundos excedentes, pode ser que presuma que dinheiro é a raiz de todo mal e é nobre ser pobre – crenças limitadoras que são capazes de inibir sua habilidade de construir uma forte base financeira.

Métodos para mudar as crenças

Uma vez que as crenças limitadoras são descobertas, elas podem ser substituídas por crenças funcionais que sustentam metas a longo prazo. Um simples método para substituir suas crenças limitadoras é questionar sua validade, examinar como elas sustentam sua identidade atual e enfrentar preocupações sobre como novas crenças podem mudar sua vida. Ao mesmo tempo, estar disposto a deixar de lado crenças que restringem o progresso em relação às suas metas.

Ao descobrir que você aprova a crença "Pessoas como eu nunca enriquecem", por exemplo, você pode identificar critérios para "pessoas como eu". Leia biografias de indivíduos que demonstraram esses traços e foram bem-sucedidos financeiramente, desse modo, anule sua premissa básica e confirme a verdade de uma crença mais positiva, tal como "Pessoas como eu são ricas". Além disso, você pode se perguntar como agarrar-se às crenças limitadoras protege sua identidade, fornecendo uma desculpa para permanecer em sua atual posição financeira e eliminar qualquer necessidade de lidar com as consequências da mudança. Ao determinar que sua crença atual dificulta seu progresso, você pode escolher adotar uma crença mais funcional.

Um método para substituir as crenças limitadoras é a técnica da palavra de força. Outro envolve neutralizar sua potencialidade com ação direta. Por exemplo, neutralizar o poder da crença limitadora "Dinheiro escorre pelos meus dedos" economizando uma pequena quantia de dinheiro cada semana levaria naturalmente à adoção da crença "Eu posso controlar como uso meu dinheiro". Semelhantemente, orçar seu dinheiro para que você possa ter as férias que tinha almejado pode neutralizar a paralisia.

Crenças Limitadoras			
Dinheiro	**Riqueza e Pessoas Ricas**	**Conseqüências da Riqueza**	**Identidade Financeira**
Dinheiro não cresce em árvores. Um bom emprego é o único caminho para a segurança financeira. Mulheres nunca deveriam ganhar mais do que seus parceiros. Quem quer que tenha dinheiro tem o poder. Pessoas como eu nunca enriquecem. Para ganhar muito dinheiro, você tem de trabalhar muito duro. Dinheiro é a raiz de todo o mal.	Pessoas ricas são gananciosas. Pessoas ricas são arrogantes. Pessoas ricas são diferentes de pessoas comuns como eu. Não é espiritual ter muito dinheiro. Não é seguro ter muito dinheiro. Riqueza corrompe. É nobre ser pobre.	Se eu tiver muito dinheiro, as pessoas verão somente meu dinheiro e não meu verdadeiro eu. Se eu for rico, as pessoas tentarão pegar meu dinheiro. Não é certo para mim ganhar mais dinheiro que meus pais e meus irmãos. Se eu ganhar muito dinheiro, eu posso perdê-lo. Se eu for rico, eu não me relacionarei mais com meus amigos. Se eu for rico, não posso ser espiritual.	Eu sou um fracasso financeiro. Eu nunca consigo o que preciso. Eu nunca consigo o que quero. Eu não mereço ser rico. Pessoas como eu se esforçam financeiramente. Eu não sou esperto o suficiente para ganhar muito dinheiro. Dinheiro escorre pelos meus dedos. Eu nunca serei rico.

Crenças Funcionais			
Dinheiro fornece oportunidades de crescimento. Segurança financeira pode ser alcançada de muitas formas. Dinheiro e criatividade nos permite ajudar aos outros. Dinheiro vai para pessoas que amam e cuidam dele. Dinheiro pode nos ajudar a superar circunstâncias difíceis da vida.	Pessoas ricas são generosas. Pessoas ricas desfrutam da vida. Riqueza e bondade andam juntas. Ter mais do que o suficiente é o melhor padrão para dominar. A riqueza de uma pessoa pode ajudar outros que estão em desvantagem.	Com um fluxo de caixa saudável, eu ainda posso ser criativo e espiritual. Com dinheiro mais do que suficiente, eu posso ter mais escolhas. Com dinheiro mais do que suficiente, eu posso satisfazer mais facilmente minhas necessidades e ajudar aos outros.	Eu sou um sucesso financeiro. Estou financeiramente confortável. Eu mereço ser rico. Eu tenho tudo o que preciso para construir uma forte base financeira. Eu sou esperto o suficiente para ganhar muito dinheiro. Eu confio em mim mesmo para cuidar do meu dinheiro. Meus sonhos se tornam realidade.

Figura 6.1

potencial resultante da crença "Eu nunca consigo o que quero". Independentemente da abordagem utilizada, substituir continuamente crenças limitadoras por funcionais pode contribuir para resultados financeiros mensuráveis.

Novas crenças e o Fator de Identidade

Quando as crenças começam a mudar, o Fator de Identidade previsivelmente começa a fazer efeito, devido às mudanças que promove externamente, particularmente em termos de comportamento. Confusão sobre o que esperar ou como agir pode causar indecisão, desorientação e declinar em confiança. A previsão desses rompimentos, aliada à busca de um companheiro de prosperidade ou pessoas que mantêm crenças que você está almejando, pode fornecer sustento conforme você estabelece uma nova identidade financeira.

Na manhã de seu décimo aniversário como encarregada da escrituração contábil em um escritório de quatro pessoas que "funciona como um trem automatizado", Laura quis sair. Embora o trabalho tenha lhe fornecido uma renda adequada que permitiu viver modestamente em uma casa própria, ela almejou negociar a sua existência apenas o suficiente para uma que lhe conferisse mais prazeres da vida.

Ela suspeitou que as forças que a reanimaram para voltar para sua mesa na última década foram crenças inculcadas nela quando criança. Criada em uma casa triste, com três irmãos mais novos, um pai estritamente rigoroso, que trabalhava muitas horas como engenheiro, e uma mãe fanática por ordem e limpeza, Laura passou a acreditar que os excessos de qualquer tipo eram frívolos, se não pecaminosos, inclusive entretenimento, jantares e viagens de férias. Até onde ela conseguia se lembrar, os fins de semana em família giravam em torno de trabalhos domésticos e atividades na igreja.

Quando começou a trabalhar comigo, Laura estava ansiosa para substituir o sistema de crença que ela havia herdado por um de sua própria escolha, apesar da desaprovação dos pais que ela tinha certeza que enfrentaria. Gradualmente, adotou crenças mais alinhadas com suas metas – entre elas, convicções de que ela merecia ter diversão e de que gastar dinheiro para o prazer era aceitável e desejável. Conforme isso começou a criar raiz dentro dela, ela demitiu-se de seu trabalho e iniciou um negócio de meio período de escrituração contábil que três anos mais tarde transformou-se em um esforço de período integral. Com o aumento de renda que ele proporcionou, ela pôde renovar sua casa, usá-la para entreter associados comerciais juntamente com uma ampliação do círculo de amigos, e regularmente frequentar produções teatrais e shows. Visitas rejuvenescedoras a um SPA, motivaram-na a continuar desenvolvendo novos padrões de comportamento.

A metamorfose de Laura, no entanto, não foi sempre serena. Enquanto se esforçava para se libertar das crenças inculcadas, ela, às vezes, sentia como se estivesse balançando em um precipício, com perigo de despencar no vazio. E conforme ela se mexia em um território comportamental desconhecido, ocasionalmente se tornava fisicamente doente e quase paralisada pelo medo do desconhecido. Além disso, seus pais e dois irmãos mais velhos a criticavam implacavelmente, causando uma angústia que ela era capaz de reduzir aproximando-se de seus novos amigos que não a julgavam por seus padrões familiares. Felizmente, ela sabia que os efeitos colaterais acompanhariam qualquer mudança de identidade significativa e que os desconfortos seriam temporários – sabedoria que a ajudou a sair radiantemente feliz com sua transição para um nível de prosperidade que lhe ofereceu inúmeras oportunidades de autorrealização.

Ações

As ações para esse exercício incluem sugestões para reconhecer e substituir suas crenças financeiras. Não se esqueça que pode haver múltiplas crenças em vigor em qualquer momento e que conforme você substitui uma crença limitadora, outra pode vir à tona, exigindo sua atenção.

1. Examine suas crenças financeiras

Utilizando as figuras 6.1 e 6.2 como guias, em seu diário de prosperidade, relacione seus pensamentos financeiros atuais com suas crenças operantes e anote as crenças funcionais que você gostaria de desenvolver. Para melhores resultados durante a meditação peça a seu adulto sensato para revelar crenças limitadoras que o mantém preso financeiramente. Examine cada pensamento e escolha crenças que podem sustentá-lo.

2. Questione a validade de suas crenças limitadoras

Escreva as perguntas a seguir em seu diário de prosperidade ou em uma ficha de arquivo que você possa carregar:

Pensamentos Atuais	Crenças Operantes	Crenças de Substituição
Estou quebrado.	Não sou digno. Eu não consigo ter o que quero ou preciso. Ninguém quer me sustentar. Eu não consigo me sustentar.	Eu sou digno. Eu posso ter o que quero e preciso. Eu tenho a capacidade de prover minhas próprias necessidades.
Se eu não pagar minhas contas, logo estarei com sérios problemas.	Meu comportamento é vergonhoso. Eu mereço ser punido. Eu não mereço conforto financeiro. Eu não consigo criar conforto financeiro.	Eu sou uma boa pessoa. Eu mereço o melhor que a vida tem para oferecer. Eu mereço conforto financeiro. Eu tenho capacidade de criar o que eu quiser.
A forma com que tenho gastado dinheiro é realmente terrível.	Eu sou mau. Gastar todo meu dinheiro é ruim. Eu nunca terei o suficiente para ser livre.	Eu sou uma pessoa boa. Eu posso economizar dinheiro e ainda ter o que quero. Eu tenho capacidade de fazer o que escolher.
Eu gostaria de ter mais dinheiro para que pudesse fazer mais coisas.	Eu não mereço ter o que quero. Eu não consigo ter o que quero. Eu não consigo ter o que outras pessoas têm. Eu sou fraco.	Eu mereço ter o que quero. Eu consigo ter o que quero. Eu mereço o melhor que a vida tem para oferecer. Eu sou digno.

A forma com que lido com meu dinheiro é realmente estúpida.	Eu sou estúpido. Eu nunca faço nada certo. Eu sou um verdadeiro perdedor.	Eu sou esperto. Eu sou competente. Eu sou bem-sucedido.

Figura 6.2

• Essa declaração é verdadeira?

• Que parte de mim acredita que isso é verdade?

• Como agarrar-me a essa crença me ajuda a sustentar minha identidade?

• Como deixar essa crença de lado ameaça minha identidade?

• Se eu tivesse que deixar essa crença de lado, como minha vida mudaria?

• Estou disposto a experimentar essa mudança?

Toda vez que você reconhecer uma crença limitadora que pode estar impedindo você de progredir financeiramente, dialogue consigo mesmo usando essa lista de perguntas. Depois, decida quais medidas pode tomar para adotar uma crença mais funcional. Para aumentar a eficácia dessa ação, faça com que seu companheiro de prosperidade faça essas perguntas para você.

3. Utilize sua palavra de força para adotar crenças financeiras funcionais

Para adotar crenças de substituição que o ajudam ao sucesso financeiro, empregue o formato a seguir. Cada declaração usada junto com sua palavra de força deve ser repetida de 5 a 10 vezes.

1. Diga sua disposição para aceitar a nova crença.
2. Permita-se experimentar seus efeitos.
3. Liberte-se de sua resistência e seus efeitos.
4. Faça uma declaração positiva de ser.

Eis alguns exemplos:
Crença: Eu sou um sucesso financeiro.

• Estou disposto a acreditar que sou um sucesso financeiro. (Palavra de força.)

• Eu me permito ser financeiramente bem-sucedido. (Palavra de força.)

• Eu me liberto da minha resistência ao sucesso financeiro. (Palavra de força.)

• Eu desfruto do sucesso financeiro. (Palavra de força.)

Crença: Dinheiro é uma força espiritual.

• Estou disposto a acreditar que dinheiro é uma força espiritual. (Palavra de força.)

• Eu me permito ser espiritual e ter quantias significativas em dinheiro. (Palavra de força.)

• Eu me liberto da minha resistência de ser espiritual e ter quantias significativas em dinheiro. (Palavra de força.)

• Eu sou espiritual e uso quantias significativas em dinheiro de uma forma espiritual. (Palavra de força.)

Crença: Pessoas ricas são generosas.

• Estou disposto a acreditar que pessoas ricas são generosas. (Palavra de força.)

• Eu me permito ser uma pessoa rica e generosa. (Palavra de força.)

• Eu me liberto da minha resistência de ser uma pessoa rica e generosa. (Palavra de força.)

• Eu sou uma pessoa rica e generosa. (Palavra de força.)

Crença: Com um fluxo de caixa saudável, eu posso ter oportunidades de crescimento e criatividade.

• Estou disposto a acreditar que se eu tiver um fluxo de caixa saudável, terei oportunidades de crescimento e criatividade. (Palavra de força.)

• Eu me permito ter um fluxo de caixa saudável e oportunidades de crescimento e criatividade. (Palavra de força.)

• Eu me liberto da minha resistência de ter um fluxo de caixa saudável e oportunidades de crescimento e criatividade. (Palavra de força.)

• Eu tenho um fluxo de caixa saudável e oportunidades de crescimento e criatividade. (Palavra de força.)

4. Crie uma fita de áudio ou CD para ajudá-lo a reprogramar seu subconsciente

Gravar e ouvir novamente suas novas crenças ajuda a reforçá-las.

• Escolha algumas declarações da sua lista de crenças funcionais.

• Grave cada declaração, falando lentamente e claramente. Repita-a várias vezes.

• Toque a fita ou CD enquanto estiver adormecendo à noite ou quando acordar de manhã – momentos em que seu subconsciente é mais receptivo. Se pegar no sono enquanto ouve, seu subconsciente ainda ouvirá as palavras.

5. Examine como as novas crenças afetam sua identidade

Com crenças funcionais em seus lugares, sua vida não pode evitar mover-se em uma direção vantajosa. Para impedir que crenças funcionais ameacem sua identidade quando elas forem introduzidas, no entanto, imagine as mudanças que podem se revelar e as possíveis reações de seus amigos e familiares em relação a elas. Considere também como essas mudanças afetarão seu conceito de quem você é e seu lugar no mundo, e como você pode lidar com qualquer desconforto levado por comportamentos não habituais. Se as novas crenças ainda acabarem ameaçando sua identidade, liberte-se da sua resistência a elas por meio da técnica da palavra de força, usando essas declarações da seguinte forma:

• Eu me liberto da minha necessidade de agarrar-me às minhas velhas crenças. (Palavra de força.)
• Eu me permito adotar novas crenças e seguir adiante. (Palavra de força.)
• Estou disposto a adotar novas crenças e mudar minha identidade. (Palavra de força.)
• Eu me liberto do meu medo de seguir adiante. (Palavra de força.)
• Eu tenho o direito de acreditar no que quer que eu queira. (Palavra de força.)
• Não estou sendo desleal com meus amigos ou família adotando novas crenças. (Palavra de força.)
• Estou ansioso para encontrar pessoas que compartilhem minhas novas crenças. (Palavra de força.)

6. Implemente as novas crenças que sustentam suas metas

Para cada nova crença que provavelmente vai impulsioná-lo em direção a uma de suas metas financeiras ou estilo de vida, escolha três medidas de ação que você pode tomar para colocá-las em ação. Por exemplo, para ativar a crença "Eu posso quadruplicar meu patrimônio líquido em sete anos", você pode decidir começar um negócio com crescimento potencial; comprar, renovar e vender uma propriedade abandonada; ou participar de um clube de investimento bem-sucedido. Enquanto compõe suas medidas de ação, permaneça alerta a quaisquer crenças limitadoras sobre suas habilidades ainda espreitando os recessos de sua mente. Quaisquer das velhas crenças que chamem sua atenção precisarão ser liberadas e substituídas por outras mais funcionais.

Cultivando
Sentimentos Saudáveis
em Relação ao Dinheiro

EXERCÍCIO 7

Dizem que é melhor ser pobre e feliz do que rico e infeliz, mas e quanto a ser moderadamente rico e melancólico?

PRINCESA DIANNA

Em

Embora, pensamentos, crenças e emoções existam simultaneamente, analisá-los separadamente fornece três diferentes perspectivas de examinar e melhorar situações financeiras. O ponto de vantagem emocional, em particular, revela a força com que a condição interna de uma pessoa pode precipitar tanto situações financeiras desejadas quanto indesejadas. Por meio de um exame de estados emocionais e alteração daqueles que inibem o crescimento financeiro, torna-se possível remover firmemente bloqueios e desencadear a expansão monetária. As emoções modificadas ainda reforçam essa mudança transformando pensamentos negativos e crenças limitadoras em curso para promover comportamentos financeiros benéficos.

As emoções habituais predominantes expressadas pelas finanças – abandono, vergonha, raiva, privação e sentimento de estar preso – são invariavelmente enraizadas no passado e sustentam uma identidade financeira ineficaz. Exterminar essas emoções e cultivar sentimentos financeiros saudáveis permite uma identidade financeira expandida para se estabelecer.

Como as emoções criam situações financeiras

Em *Molecules of emotion*, Candace Pert refere-se às emoções como "sinais celulares que estão envolvidos no processo de modificar informações da realidade física, literalmente transformando mente em matéria". Essa declaração ilumina, de uma perspectiva fisiológica, como as emoções afetam situações que criamos em nossa vida, incluindo aquelas associadas com as finanças. Em particular, ajuda a explicar por que as pessoas que rotineiramente se sentem bem em relação a si mesmas e apoiadas por outros, tendem a criar condições financeiras que permitem a experiência de liberdade e segurança, considerando que aqueles que cronicamente se julgam ou se sentem isolados frequentemente criam situações financeiras ruins.

Trabalhar com emoções como sinais celulares, então, muda o foco de tentar gerar quantias em dinheiro que resultarão em sentimentos agradáveis para alcançar um estado emocional introduzido com sentimentos de satisfação, autoconfiança, confiança em si mesmo e nos outros; uma disposição para expressar emoções; e expectativas positivas sobre o futuro. Quando traços como esses predominam, hábitos financeiros saudáveis surgem naturalmente, tornando relativamente fácil produzir um fluxo de caixa positivo e construir fundos excedentes.

Em comparação, emoções reprimidas podem ter um efeito muito negativo sobre os esforços financeiros. Como emoções que por sua natureza buscam expressão, quando elas estão bloqueadas, sua energia se desenvolve até que seja liberada de forma indireta, geralmente destrutiva, tal como pelas relações desagradáveis com pessoas ou hábitos financeiros de autoderrota resultantes da perda de dinheiro. Por exemplo, uma pessoa que experimenta decepções repetidas e se recusa a compartilhar sentimentos com os outros poderia também enfrentar a decepção dos resultados de investimento. Expressando seus sentimentos e desenvolvendo novas expectativas e respostas, por outro lado, provavelmente melhoraria sua situação financeira já que sua decepção não precisaria mais ser expressa pelos investimentos.

Reconhecer a relação causal entre emoções e finanças pode ajudá-lo a parar de se ver como vítima das circunstâncias e tomar atitudes para mudar sua condição financeira. Neste ponto, em vez de perguntar "Por que isso aconteceu comigo?", você tem a opção de perguntar "O que estou expressando por meio desse problema financeiro?". Imagine, por exemplo, que você tem dificuldade de pagar suas contas em dia. Se você perguntar "Por que isso acontece comigo?", você pode responder que você é mal remunerado, despesas inesperadas continuam surgindo ou que você não consegue controlar o gasto de seu cônjuge, deste modo, caracterizando-se como vítima das circunstâncias ou do comportamento de outra pessoa. Por outro lado, se você aceitar que não pagar as contas em dia provê uma oportunidade de expressão emocional, você pode, então, rastrear sentimentos em particular estimulados por seu comportamento, libertar-se deles e substituí-los por sentimentos mais funcionais.

Para muitas pessoas, meramente entender as emoções que elas estão expressando leva a uma mudança de comportamento e eventualmente a uma melhor situação financeira. Carla, de quarenta anos, por exemplo, jurou liquidar a dívida de seu cartão de crédito, mas todo mês não era capaz de pagar mais do que o valor mínimo exigido. Embora ela gostasse de seu trabalho em uma empresa de relações públicas, suas despesas diárias continuavam crescendo enquanto seus aumentos salariais eram cada vez mais escassos. Como resultado do seu padrão financeiro, Carla se sentiu privada, presa, decepcionada consigo mesma e confusa sobre o porquê de ela não conseguir fazer mais nada para melhorar sua vida.

Ao questioná-la, tornou-se aparente que aspectos de sua história pessoal estavam influenciando seus padrões financeiros. Os pais de Carla raramente a incentivavam e frequentemente a criticavam. Além disso, quando ela tinha sete anos, sua família se mudou da Alemanha para os Estados Unidos e isso foi meses antes de ela conseguir falar inglês adequadamente, fazendo-a sentir-se como uma estranha, isolada e carregada de autopiedade. Conforme olhamos sua situação financeira, Carla percebeu que sentir pena de si mesma era um de seus principais padrões emocionais e que suas circunstâncias financeiras permitiam que ela sustentasse esse hábito. Ela entendeu que para progredir financeiramente, tinha de estar disposta a substituir a autopiedade pela autoconfiança, gratidão e sentimentos de realização.

Usando técnicas de liberação emocional e ensinando-se novas respostas de sentimento, Carla era gradualmente capaz de alterar seu cenário emocional e, como resultado, estabelecer comportamentos financeiros mais produtivos. Monitorando seu progresso dezoito meses mais tarde, ela se surpreendeu com as mudanças: tinha se tornado muito mais confiante, havia encontrado um trabalho melhor e eliminado totalmente as dívidas do seu cartão de crédito. Em vez de sentir pena de si mesma, Carla agora se sentia satisfeita com sua nova identidade financeira e a vida que ela estava vivendo.

Todos os sentimentos são válidos

Julgamentos da sociedade sobre o valor de certas emoções como positivas ou negativas, bem como condicionamento cultural em relação à expressão de emoções, fazem com que muitas pessoas neguem ou reprimam seus sentimentos sem vergonha. Frases como "Você não deveria se sentir assim", "Meninos não demonstram emoção" ou "Não é espiritual ficar nervoso" reforçam esses comportamentos. Mas embora emoções possam causar estados de conforto e desconforto, sentimentos não são bons ou ruins; eles simplesmente são. E eles têm uma finalidade – promover autoexpressão, desencadear comportamento e funcionar como uma ponte entre nós e nosso ambiente (vide figura 7.1). Raiva, por exemplo, pode sinalizar o fato de que alguém violou nosso limite, enquanto empolgação e alegria podem nos motivar a seguir adiante.

Figura 7.1 – Emoções fazem uma ponte entre os mundos interno e externo.

Pessoas que aceitam todas as emoções como válidas e encontram um caminho saudável para sua expressão são geralmente capazes de impedir ou resolver seus problemas financeiros. Primeiramente, elas correlacionam seus comportamentos financeiros disfuncionais, tais como gasto compulsivo ou má remuneração, com emoções desconfortáveis; então, elas libertam-se desses estados emocionais e adotam novos, capazes de desencadear comportamentos financeiros mais satisfatórios.

Quando a criança carente está no comando

Muitos comportamentos financeiros não-produtivos resultam em padrões emocionais estabelecidos no início da vida. Mesmo com pais esclarecidos, o cenário emocional de uma criança pode incluir sentimentos de abandono, vergonha, raiva, privação e sensação de estar preso – os sentimentos que mais frequentemente levam a situações financeiras desconfortáveis. Por exemplo, a vergonha pode se desenvolver quando uma criança se vê como menor e menos capaz que seus pais e irmãos mais velhos; sentimentos de privação podem surgir em resposta à disciplina dos pais; e a raiva pode irromper quando os desejos de uma criança não são atendidos. Experiências da infância em lares menos esclarecidos tendem a promover mágoas emocionais mais profundas. Em ambos os casos, o nível em que essas mágoas afetam o comportamento adulto de uma pessoa determina sua habilidade de infundir sua vida com prosperidade.

Isso não significa que uma infância desconfortável necessariamente prejudicará a habilidade de uma pessoa de gerar significativas quantias em dinheiro. Pelo contrário, essas emoções da infância podem ser um estímulo para construir riqueza, levando um indivíduo a adquirir habilidades sofisticadas e trabalhar duro para se tornar alguém mais bem remunerado. Até que as emoções desconfortáveis sejam tratadas, no entanto, pode ser impossível desfrutar da riqueza e tê-la promovendo sentimentos de segurança e realização.

Harvey, por exemplo, veio de uma família pobre encabeçada por um pai alcoólatra que partiu quando ele tinha cinco anos. A personalidade crítica e emocionalmente distante de sua mãe somou-se ao seu desconforto. Quando eu consultei Harvey pela primeira vez, ele estava trabalhando como corretor de mercadorias e tinha um patrimônio líquido de aproximadamente US$ 3 milhões, que ele queria aumentar para US$ 6 milhões para sentir-se confortável e seguro. Ao mesmo tempo, ele era assombrado por uma percepção de falta de propósito interno e questionava a ética de sua empresa, onde os lucros importavam mais que as pessoas.

Como resultado do trabalho que fizemos juntos, ele passou a entender que abastecendo seu desejo de riqueza estavam sentimentos de abandono, vergonha e privação – emoções que haviam caracterizado sua vida inicial. Com essa consciência e disposição de praticar as técnicas que sugeri, Harvey parou de focar em dinheiro e começou a examinar seus verdadeiros desejos e valores na vida. Posteriormente, deixou a indústria financeira e abriu uma loja de bicicletas, o que possibilitou que ele compartilhasse seu amor em explorar o mundo exterior enquanto construía seu próprio empreendimento. Seguindo seu padrão financeiro estabelecido de criar dinheiro mais do que suficiente, após um ano Harvey obteve êxito em progredir financeiramente sem a pressão e ansiedade que ele tinha experimentado anteriormente. Contrapondo-se muito com a programação da infância que estava afetando suas finanças, ele conseguiu transformar-se em um adulto financeiramente saudável.

Os resultados são menos triunfantes entre pessoas que se identificam fortemente e protegem sua criança carente interior. Para elas, o conceito de se tornar um adulto responsável tem pouco atrativo, porque sua criança interior anseia por liberdade e teme que seja abandonado o controle, isso pode resultar em aniquilação. Não sabendo que a disciplina pode levar a uma maior liberdade e um aumento de fluxo de caixa, elas resistem à disciplina necessária para estabelecer hábitos financeiros saudáveis. Felizmente, o compromisso com progresso pode acabar com qualquer hábito, permitindo que um novo personagem – o adulto sensato – assuma o comando.

Entrando em contato com os sentimentos em relação ao dinheiro

Embora as pessoas frequentemente tenham dificuldade de relacionar sentimentos às finanças porque estão distanciadas de suas próprias emoções, elas ainda têm reações emocionais com relação às atividades financeiras. Entender a natureza dessas reações torna menos ameaçador reconhecê-las, especialmente entre indivíduos que comparam emoções a expressões exteriores, tais como chorar e gritar.

Candace Pert, seu marido Michael Ruff, Ph.D., e outros cientistas descobriram receptores celulares por todo o corpo por meio dos quais experimentamos emoções. Um pressentimento, por exemplo, ocorre no abdômen enquanto a sensação de que algo não está muito certo pode ocorrer em muitas partes do corpo. Uma tensão repentina no pescoço ou ombros, uma cólica estomacal, peso nos braços e pernas, sistema imunológico deprimido ou um coração "partido" podem todos sinalizar atividade emocional no corpo.

Portanto, ao examinar emoções expressadas pelas finanças, em vez de focalizar em descrições verbais de estados emocionais, tais como triste, nervoso, traído ou privado, é possível reconhecer sentimentos observando reações fisiológicas para situações financeiras. Por exemplo, se enquanto compra algo você sabe que não tem condições de pagar, pode notar um sentimento de aperto em seu coração ou uma fisgada em seu abdômen. Como o corpo sinaliza as reações emocionais pelos seus receptores, identificar sentimentos não exige sofisticação linguística. Somente dizer "Eu tenho uma tensão no meu peito quando penso sobre isso" é suficiente. Essas respostas fisiológicas sozinhas podem ajudar a esclarecer o entendimento de uma pessoa sobre sentimentos financeiros para que ela possa mudá-los.

Desenvolvendo novos hábitos emocionais

Ao longo da ponte formada entre nossos mundos interno e externo, certas situações frequentemente desencadeiam sentimentos previsíveis. Uma conversa com um pai exigente, por exemplo, pode consistentemente despertar sentimentos de raiva ou vergonha, enquanto sentar-se na praia poderia induzir à paz interior. Igualmente, comportamentos financeiros, tais como receber ou pagar contas, pedir aumento ou até fazer compras diárias, frequentemente ativam respostas emocionais previsíveis, que podem ou não ser desconfortáveis. É a natureza habitual de reações emocionais às finanças que faz com que pessoas com melhores condições ainda experimentem o desconforto enquanto fazem uma compra, pagam impostos ou abrem um envelope contendo uma conta. Por causa disso, melhorar sua relação com o dinheiro exige desenvolver uma consciência não somente dos sentimentos habituais expressados pelo seu padrão financeiro, mas também daqueles que você experimenta pelas transações financeiras diárias.

Com um entendimento de sua composição emocional em relação ao dinheiro, você pode começar a substituir as respostas emocionais que não o satisfazem mais com sentimentos que promovem prosperidade. Esse procedimento envolve três etapas: tornar-se ciente das emoções estimuladas por situações financeiras, expressar as emoções e gerar emoções alternadas que promovem prosperidade.

Como as emoções definem muitos aspectos de sua relação com o dinheiro, as ações para esse exercício são mais bem realizadas por um longo período de tempo. A maioria das pessoas descobre que conforme elas libertam-se de uma emoção expressada por meio de sua situação financeira, outra eventualmente vem à tona, com os períodos entre libertar-se de emoções se tornando cada vez mais longos e mais produtivos. Na verdade, mudar efetivamente respostas emocionais habituais às situações financeiras exige tanto atenção e compromisso quanto alterar pensamentos. Sem esse foco, o retrocesso aos velhos padrões que sustentam uma identidade financeira bem-estabelecida inevitavelmente ocorre, porque as emoções agem como uma expressão de identidade.

O tempo todo, entenda que mudar seu tom emocional pode transformar significativamente suas relações com os outros. Por exemplo, quando uma pessoa que habitualmente age de uma forma subserviente substitui sua vergonha ou culpa por autoconfiança, em vez de ser facilmente controlada e buscar agradar os outros ela pode de repente estabelecer limites protetores e tomar decisões mais lógicas. Um tom emocional alterado assim, exige ajustes psicológicos e paciência com outros que podem responder como se a pessoa ainda fosse subserviente.

Ações

Como alterar respostas emocionais às situações financeiras exige determinação e coragem, antes de trabalhar com as ações a seguir, passe algum tempo quieto analisando sua disposição de mudar seus estados emocionais. Então, declare seu compromisso ao processo.

1. Correlacione reações emocionais com situações financeiras

Emoções similares àquelas expressadas através de seu padrão financeiro (vide exercício 3) provavelmente serão experimentadas durante suas interações financeiras diárias. Para correlacionar suas reações emocionais com essas situações, faça a atividade a seguir algumas vezes por semana, usando uma variedade de situações financeiras que normalmente fazem você se sentir desconfortável.

• Acalme sua mente até se sentir relaxado e centrado. Então, imagine-se em uma situação financeira desconfortável, como pagando uma conta, visualizando claramente a situação em sua mente.

• Conforme faz isso, observe sua respiração para ver se ela acelera ou se torna mais pesada. A seguir, foque sua atenção em seu abdômen e note qualquer aperto ou outro desconforto. Depois, examine cuidadosamente sua cabeça, peito, braços, pernas, abdômen, ombros e costas para sinais de desconforto.

• Após notar uma sensação incômoda, aprofunde sua familiaridade com ela concentrando-se em sua principal característica: é aguda, pesada, tensa, instável? E qual é seu nível de intensidade?

• Mantendo sua atenção na sensação, respire fundo algumas vezes, imaginando o local se expandindo e repita sua palavra de força. Ou repita uma afirmação, tal como "Estou disposto a deixar esse sentimento de lado" ou "Eu não preciso desse sentimento", seguida de sua palavra de força. Se a intensidade começar a diminuir, continue o procedimento até que a sensação desapareça.

• Se em vez disso a sensação persistir, forneça um caminho para sua expressão mantendo sua atenção nele e fazendo um som para articulá-la, tal como um gemido ou suspiro profundo, um resmungo, grito ou qualquer outra coisa que surgir. Caso enfrente alguma relutância inicial – uma resposta natural para pessoas acostumadas a reprimir suas emoções – persevere até expressar a emoção com som. Então, repita o som, aumentando o volume, se possível, até a sensação se dissipar.

• Quando o sentimento tiver desaparecido após a respiração ou a rotina de som, imagine a mesma situação financeira e note se o sentimento ressurge com a mesma intensidade. Se sim, repita a respiração e as rotinas de som, precedidas pela declaração "Eu me liberto da minha resistência de deixar esse sentimento de lado", seguida de sua palavra de força. Uma vez que o sentimento se dissipou ou diminuiu, siga para a próxima etapa.

• Mantendo seu foco na situação financeira original, gere um sentimento edificante conforme você repete uma afirmação positiva, tal como "Eu tenho dinheiro suficiente para pagar minhas contas e gosto de fazer isso", seguida de sua palavra de força de 5 a 10 vezes. Se a atividade original tiver consequências negativas no mundo real, tal como pagar uma conta atrasada, visualize uma consequência positiva, como ver um grande saldo no extrato de sua conta corrente ou pagar a conta antecipadamente conforme você gera o sentimento confortável, enquanto repete a afirmação positiva.

Uma vez que você se torna familiarizado com sentimentos localizados em seu corpo enquanto se imagina em situações financeiras desconfortáveis, comece a rastrear seus sentimentos em situações do mundo real. Por exemplo, durante uma interação financeira, note as sensações em seu corpo, especialmente as áreas do coração e do abdômen. Se você reconhecer qualquer desconforto, respire fundo durante várias vezes, repita silenciosamente sua palavra de força algumas vezes e, se desejar, diga uma afirmação positiva.

Pratique essa técnica enquanto estiver em situações como as seguintes:

- Fazendo uma compra.
- Discutindo finanças com alguém.
- Pagando uma conta.
- Pensando sobre sua dívida.
- Solicitando uma hipoteca, empréstimo ou cartão de crédito.
- Falando com alguém que você considera um superior financeiro.
- Falando com clientes, se você tiver um negócio.
- Controlando seu dinheiro.
- Sacando dinheiro em um caixa eletrônico.
- Fazendo compras.
- Emitindo um cheque.
- Executando uma negociação de ações.
- Tomando uma decisão financeira.

2. Defina seus sentimentos

Ao adquirir competência na observação de suas sensações durante transações financeiras, determine a emoção que elas estão expressando, tal como sentir-se abandonado, privado, envergonhado, nervoso, preso ou uma das emoções listadas na figura 3.3. Após reconhecer uma emoção, liberte-se dela usando a sequência a seguir:

1. Liberte-se da sua necessidade do sentimento.
2. Liberte-se da sua resistência de deixar o sentimento de lado.
3. Afirme sua disposição de libertar-se do sentimento.
4. Permita-se sentir algo mais.
5. Afirme um estado de ser positivo como você imagina experimentar.

Para libertar-se do sentimento de vergonha, por exemplo, você pode dizer:

- Eu me liberto da minha necessidade de vergonha. (Palavra de força.)
- Eu me liberto da minha resistência de deixar minha vergonha de lado. (Palavra de força.)

• Estou disposto a me libertar da vergonha que sinto. (Palavra de força.)
• Eu me permito sentir orgulho. (Palavra de força.)
• Estou orgulhoso de mim mesmo e do que faço. (Palavra de força.)

Alternativamente, você pode usar uma ou mais das ações a seguir para libertar-se de emoções que podem ser reprimidas. Compartilhar os sentimentos que você reconhece com seu companheiro de prosperidade pode servir como parte do processo de libertação.

3. Conforte sua criança interior

Se sua criança carente interior frequentemente encontra expressão por meio da disfunção financeira, use essa técnica para curar a criança e ajudar o adulto sensato a assumir mais controle. A meta é nunca se livrar da criança interna, mas desenvolver um relacionamento saudável com esse aspecto emocional criativo de si mesmo que adora se divertir.

• Sente-se em uma cadeira confortável com os olhos fechados. Respire fundo por algumas vezes para relaxar.

• Imagine viajar para o fundo do seu coração e conforme você se aproxima dele, veja-se como uma criança entre as idades de três e cinco anos, em uma grande sala vazia. Primeiramente, você se sente isolado e sozinho; depois percebe que tem poderes especiais e pode encher essa sala com o que quiser, almofadas confortáveis para se sentar, brinquedos para brincar, imagens brilhantes na parede e um animal de estimação. Passe alguns minutos criando uma sala que o agrade e permita se sentir seguro.

• Conforme você faz isso, preste atenção à importância emocional da decoração ou dos objetos que você coloca na sala. Se descobrir que está com medo de imaginar o que quer, determine por que e então diga sua palavra de força conforme continua a decorar a sala.

• Agora, imagine que você como um adulto sensato entra na sala e se senta próximo de você como uma criança. Coloque seus braços em volta da criança afetuosamente e explique que você veio para ajudá-la. Pergunte se há alguma coisa que a criança precisa e concorde em dar seu melhor para satisfazer suas necessidades.

• Prometa comunicar-se com a criança regularmente, oferecendo certezas restabelecidas de seu amor e sua ânsia de estarem juntos novamente.

Pelo menos algumas vezes por semana, comunique-se com a criança e registre o diálogo em seu diário de prosperidade. Para reforçar sua ligação com a infância, use giz de cera ou lápis de cor, imprima sua anotação ou escreva com sua mão não-dominante. Nomear e desenhar a criança também pode aumentar a eficácia dessa técnica.

4. Relacione os cinco principais sentimentos financeiros com sua situação

Usando a figura 3.3 e o exemplo a seguir como um guia, em seu diário de prosperidade, liste os cinco principais sentimentos financeiros e relacione-os, quando adequado, à sua situação financeira.

Abandono	Eu geralmente devo dinheiro para as pessoas. Eu sou mal remunerado. Eu perdi muito dinheiro após meu divórcio. As pessoas tiram vantagem de mim financeiramente.
Vergonha	Eu mantenho cheques sem fundo. Tenho vergonha da minha dívida. Eu nunca sei para onde meu dinheiro vai. Estou constrangido por causa da minha renda.
Raiva	Eu odeio pagar tantos impostos. Eu me recuso a pagar o dinheiro que devo. Eu pago minhas contas com atraso porque estou irritado por gastar tanto dinheiro. Fico louco que pessoas com trabalhos mais fáceis ganhem mais do que eu. Estou irritado comigo mesmo por não cuidar melhor do meu dinheiro.
Privação	Eu compro coisas compulsivamente, tentando preencher um vazio por dentro. Eu me sinto como um órfão quando penso sobre quão pouco eu ganho. Eu me agarro a coisas que não preciso. Prefiro estar endividado a me negar coisas que quero.
Sensação de estar preso	Eu me sinto preso por minha dívida. Meu trabalho é minha penitência. Eu duvido que consiga sair dessa situação.

Figura 7.2

Ao concluir essa ação, permita-se sentir cada emoção, respirando conforme você usa sua palavra de força e faça um som expressivo dela. Depois, examine cada declaração que você escreveu, liberte-se de emoções de autoderrota e considere substituições mais satisfatórias. Por exemplo, se achar que está envergonhado de certos comportamentos financeiros, você pode decidir aceitar seu comportamento do passado, deixar a vergonha de lado e sentir-se bem com o que quer que faça. Parar com a autocondenação pode reforçar uma auto-imagem mais positiva e dar-lhe o ímpeto de alterar comportamentos financeiros no futuro. Semelhantemente, se você se sentir preso por uma situação financeira como dívida ou renda insuficiente, pode libertar-se do sentimento enquanto toma medidas para criar uma situação mais produtiva, tal como mudar seus hábitos de gasto ou procurar uma nova fonte de renda. Fazer isso por quaisquer de suas declarações esclarece que você tem escolhas e pode tomar decisões funcionais que fazem você progredir financeiramente.

5. Faça um inventário de sentimentos

Uma vez que você reconhece emoções que estão sendo expressas pelas suas finanças, faça um inventário de sentimentos para libertar-se delas. Para começar, em seu diário de prosperidade, registre os sentimentos que você identificou. Então, liste ocasiões não relacionadas ao dinheiro, durante as quais você sentiu essa emoção no passado e quaisquer traços que contribuem para ela no presente. Por exemplo, se você estiver ciente de que sente vergonha de seus comportamentos financeiros, sua lista pode parecer algo assim:

- Senti vergonha quando quebrei a janela do vizinho.
- Senti vergonha quando fui reprovado no teste de soletração.
- Senti vergonha quando perdi nosso jogo.
- Senti vergonha quando não consegui uma bolsa de estudos.
- Sinto vergonha porque sou baixo.
- Sinto vergonha porque não sou muito esperto.

Conforme você escreve cada declaração, experimente novamente a emoção, respire e faça sons que a expressem. Depois, escreva ou diga em voz alta uma declaração de libertação seguida de sua palavra de força, tais como:

- Eu me liberto da minha necessidade de vergonha. (Palavra de força.)
- Eu me liberto da minha resistência de me libertar da vergonha. (Palavra de força.)
- Estou disposto a deixar a vergonha de lado. (Palavra de força.)

• Eu me permito deixar a vergonha de lado. (Palavra de força.)

• Eu me liberto da vergonha e demonstro que me sinto bem com relação a mim mesmo. (Palavra de força.)

Finalmente, selecione um evento do passado de sua lista que tenha uma forte carga emocional. Feche seus olhos, respire fundo por algumas vezes e imagine o evento tendo um final feliz e você experimentando um sentimento diferente como resultado. Por exemplo, veja-se completando um jogo e simultaneamente gere um sentimento de euforia. Repita a técnica de visualização com outros eventos que causavam desconforto emocional, sempre imaginando emoções confortáveis associadas aos resultados alterados.

6. Reconheça sentimentos que sustentam sua antiga identidade

Todo mundo tem razões válidas para como seus hábitos emocionais foram desenvolvidos, a maioria das quais está ancorada num passado distante. Como resultado do conhecimento adquirido, a maioria das pessoas provavelmente reagiria diferentemente em situações semelhantes se não fosse por seu investimento em manter respostas habituais as quais sustentam sua identidade familiar. Portanto, entender que novas respostas emocionais podem ser uma ameaça para sua identidade e notar que quando você resiste a alterar velhos hábitos de sentimento ou cria desculpas para continuar com eles, pode ajudar você a cultivar uma identidade financeira caracterizada por um conjunto de novas emoções.

7. Pratique novos sentimentos

Por causa das emoções contribuirem para sua situação financeira, praticar novos sentimentos (vide aqueles que você estabeleceu como meta no exercício 4) pode ajudá-lo a mudar. Sentir-se satisfeito, seguro, generoso, orgulhoso, bem-sucedido, aceito e agradecido caracteriza o padrão financeiro mais do que suficiente, e gerá-los conscientemente pode, portanto, marcar o início de situações congruentes.

Para praticar uma emoção de sua escolha, em um estado meditativo, pense em um momento em que você a experimentou. Conforme se lembra da emoção, note as sensações em todas as partes de seu corpo e declare o que você está sentindo. Por exemplo, para praticar sentir-se bem-sucedido, lembre-se de um tempo em que você se sentiu bem-sucedido, mesmo se foi somente por um breve período. Imagine claramente a situação que desencadeou o sentimento, permitindo-se ficar empolgado e enaltecido. Depois, diga a si mesmo "Eu me sinto bem-sucedido". Então, afirme silenciosamente o sentimento, dizendo "Eu sou bem-sucedido". Para reforçar essas afirmações, siga cada uma delas com sua palavra de força.

Quando você estiver habituado a fazer isso em um estado meditativo, tente em situações do mundo real. Por exemplo, se você frequentemente se sente embaraçado por causa de sua renda, a próxima vez que você receber seu salário, respire profundamente por algumas vezes e imagine sentindo-se satisfeito, dizendo para você mesmo "Eu me sinto satisfeito com o valor que recebo". Embora muitas pessoas temam que elas se sintam satisfeitas com o que elas têm no presente, elas adquirirão pouco ou nada mais no futuro, o oposto é verdade: desde que emoções criem situações financeiras, pratique o sentir-se satisfeito e você aumentará suas chances de ganhar o suficiente para satisfazê-lo. Se você tiver problema para gerar o sentimento de satisfação, ou qualquer outro sentimento que você está praticando, examine sua emoção predominante e tome medidas para libertar-se dela. Por exemplo, ao tentar sentir-se satisfeito, se tudo o que você consegue sentir é raiva, determine do que você sente raiva, respire até se libertar do sentimento e depois o substitua pelo novo sentimento de satisfação.

As emoções habituais predominantes expressadas pelas finanças – abandono, vergonha, raiva, privação e sentimento de estar preso – são invariavelmente enraizadas no passado e sustentam uma identidade financeira ineficaz. Exterminar essas emoções e cultivar sentimentos financeiros saudáveis permite uma identidade financeira expandida para se estabelecer.

ESTABELECENDO

Comportamentos

FINANCEIROS RESPONSÁVEIS

EXERCÍCIO 8

O caminho para se tornar rico é colocar todos os seus ovos em uma cesta e então vigiar essa cesta.

ANDREW CARNEGIE

Pa ra participantes de um programa de musculação, certos comportamentos relacionados provavelmente surgirão naturalmente, tais como, comer alimentos mais saudáveis, usar roupas mais alinhadas ou caminhar com mais confiança. Semelhantemente, estabelecer pensamentos, crenças e emoções, baseados na força pode levar a comportamentos financeiros mais responsáveis, como cuidar melhor do seu dinheiro, evitar dívida e planejar-se para o futuro.

Resistência a ações desconhecidas por uma identidade ameaçada com a mudança, no entanto, pode retardar esse progresso. Isso significa que enquanto uma pessoa poderia, por exemplo, desenvolver conversas mais positivas consigo mesma, crenças expansivas e emoções confortáveis e, consequentemente, aumentar sua qualidade de vida, salvo se os comportamentos financeiros responsáveis também forem estabelecidos, uma relação saudável com o dinheiro provavelmente permanecerá evasiva. A bonificação oculta é que conforme esses comportamentos se tornam parte da sua rotina, eles também marcam o início de uma nova identidade financeira.

Adaptando-se a novos comportamentos

Praticamente, todo livro sobre finança pessoal cita diretrizes para construir segurança financeira: gastar menos do que você ganha, sair da dívida, economizar uma porcentagem de seus rendimentos, desenvolver um plano financeiro realista, gerenciar seu dinheiro e aprender sobre suas opções de investimento. Enquanto seguir essas diretrizes pode aumentar significativamente o potencial para o sucesso financeiro, fazer isso significa aprender novas habilidades e implementar comportamentos desconhecidos, o que exige entrar num túnel escuro de transição e inevitavelmente experimentar consequências imprevisíveis e a desorientação que vem de movimentos estúpidos. Com isso, muitas pessoas sentem-se desencorajadas e permanecem presas em sua situação financeira, especialmente indivíduos que tentam alterar muitos comportamentos em um curto período de tempo e esperam rápidos resultados. Embora o processo de transformação possa parecer lento para as pessoas que buscam alívio imediato para seus problemas financeiros, com o tempo, até mesmo pequenos ajustes comportamentais podem estimular mudanças radicais. Portanto, conforme você supera esse exercício, não se esqueça de que como os outros exercícios deste livro, ele deve fazer parte de um programa a longo prazo, não um curto prazo determinado.

Para minimizar a resistência de estabelecer comportamentos financeiros responsáveis, as ações neste exercício apresentam as atividades mais elementares necessárias para desenvolver uma relação lucrativa com o dinheiro. Introduza-as à sua rotina diária aos poucos durante um extenso período de tempo, por exemplo, de seis a doze meses, melhore suas chances de se adaptar satisfatoriamente a novos comportamentos e resultados desconhecidos. Além disso, compartilhar a experiência com um companheiro de prosperidade pode ajudar significativamente a implementar as ações, por causa do suporte e responsabilidade que uma relação como essa oferece.

Além disso, as ações neste exercício proveem de abordagens práticas para atingir metas financeiras que você estabeleceu no exercício 4, ação 1, referente à renda, poupança e redução de dívida. Agora você pode realizar suas metas:

- Mantendo registros financeiros consistentes.
- Criando um plano de gasto realista.
- Lidando com sua dívida.
- Desenvolvendo hábitos de economia.
- Planejando o aumento do fluxo de caixa.

Essas atividades podem alterar consideravelmente sua relação com o dinheiro e levá-lo a uma confortável posição financeira, contanto que você mantenha a consciência do potencial para resistência e a necessidade de perseverar.

Contrapondo-se à resistência

Assim como desenvolver músculos físicos mais fortes exige levantar pesos ou fazer outros exercícios de uma forma disciplinada por um longo período, desenvolver músculos financeiros significa seguir determinados procedimentos financeiros até que eles se tornem habituais. Tentar se tornar próspero sem controlar seu dinheiro ou gastar menos do que você ganha é como tentar perder peso sem ingerir menos calorias ou se exercitar mais – isso não funciona.

Infelizmente, muitas pessoas resistem ao foco sobre novas habilidades e disciplina exigidas para o progresso financeiro, por inúmeras razões. Uma razão é o impulso por gratificação imediata, o que impulsiona os indivíduos a comprar coisas que favoreçam suas fantasias momentâneas, mesmo sem fundos suficientes, em vez de exercitar a disciplina necessária para boas práticas financeiras. Como administrar dinheiro pode parecer tedioso quando comparado ao aproveitar o último brinquedo eletrônico ou uma noite exótica na cidade, economizar para o futuro ou reduzir a dívida do cartão de crédito frequentemente ocupa uma posição menos importante que uma compra divertida, apesar de sua tendência ao adicionar a instabilidade financeira. Por fim, enquanto pode ser sedutor desejar um caminho mais fácil, o único caminho certo para gastos e endividamento fora de controle ou garantir um futuro financeiro seguro é estabelecer um plano sensato e implementar técnicas práticas de administração de dinheiro, que exigem disciplina, determinação e um forte desejo de ser mais próspero.

Outra razão para resistir às intimações para ser mais responsável financeiramente é o medo de perder sua identidade junto com posições habituais em grupos de colegas ou familiares. Para pessoas que tiveram uma relação disfuncional a longo prazo com o dinheiro, estabelecer novos comportamentos financeiros significa desenvolver traços de personalidade desconhecidos, o que pode ser desorientador e exigir maiores ajustes no estilo de vida.

Rebecca, por exemplo, ansiava por reconhecimento profissional e ficou felicíssima quando uma galeria de Los Angeles concordou em expor sua arte. Por anos, ela havia trabalhado em empregos de meio período para ganhar o dinheiro que precisava para as despesas básicas de subsistência e para suprimentos de arte. Em vez de tomar conta de suas finanças, ela gastava o que tinha disponível no momento, ocasionalmente soltando cheques sem fundo até perder o controle do saldo de sua conta bancária.

Quando a arte de Rebecca começou a vender, cada vez que a galeria a pagava, ela sentia um ímpeto de empolgação e geralmente comprava algo para seu apartamento ou ateliê de arte. Ela tinha pouco incentivo para mudar seu comportamento financeiro até que, após alguns meses, percebeu que o aumento de fluxo de dinheiro, tão maravilhoso quanto parecia, estava fazendo com que ela se sentisse obrigada a fazer algo a mais com seu excedente. Isso a levou a controlar melhor seu dinheiro e abrir uma conta poupança, onde começou a guardar 10% de seus lucros pela venda das obras de arte. Sentindo-se fortalecida pela sua nova condição financeira, começou a pensar em comprar uma casa e pesquisou hipotecas para compradores novastos de casa.

Mas depois de oito meses de vendas saudáveis, a demanda por sua arte diminuiu e Rebecca pôde ver que se algo não mudasse, ela terminaria na mesma posição financeira que estava antes de sua arte começar a vender. Conforme avaliou suas circunstâncias, tornou-se ciente de que aspectos de sua vida trouxeram-na de volta à sua velha identidade.

Primeiro, ela não tinha mais a disciplina de fazer registro financeiro, deste modo, estava retrocedendo ao velho hábito da incerteza financeira. Segundo, estava experimentando dificuldades com amigos que não davam suporte em relação à sua nova identidade. Então, também, sua independência financeira tinha afetado suas relações com seus pais. Durante a maior parte de sua vida adulta, as conversas com eles foram centradas em esforços financeiros, e sem ter aquele tipo de atenção ela se tornou desorientada.

Ao mesmo tempo, Rebecca estava confusa sobre como agir em relação aos artistas com quem tinha anteriormente assumido a dificuldade de ganhar suporte financeiro no mundo da arte. Embora eles demonstrassem admiração por seu reconhecimento e vendas crescentes, ela percebia um pouco de inveja e um sentimento de separação.

Finalmente, como não estava preparada para o sucesso, teve problema em lidar com sua nova situação na comunidade artística. Desacostumada com atenção desse tipo, estava incerta sobre como responder quando as pessoas a elogiavam sobre sua arte.

Felizmente, conforme Rebecca começou a retroceder para sua velha identidade financeira, ela viu o que estava acontecendo. Determinada a não perder o que havia ganhado, reafirmou sua disciplina financeira e logo estava de volta ao controle com seu registro contábil em ordem. Conforme as vendas de sua arte começaram a melhorar novamente, ela decidiu não sucumbir ao que conhecia como desconfortos temporários associados à sua nova posição de vida, e em vez disso, manter os comportamentos que poderiam sustentar seu sucesso. Ela entendeu também que enquanto frequentemente queria comprar coisas frívolas para se sentir mais feliz, para comprar uma casa ela teria de fazer escolhas de gastos. Ao perceber que a disciplina financeira, um conceito desconhecido para sua velha identidade, tinha suas compensações, ela começou a controlar seus gastos diários para atingir uma meta financeira mais importante no futuro.

Preparando-se para o excedente

A maioria das pessoas que espera melhorar sua situação financeira sonha ter fundos excedentes, mas relativamente poucos entendem os efeitos potenciais de gerar quantias de dinheiro fora do comum. Embora fundos ampliados possam realmente contribuir para melhores condições de vida, posições financeiras frequentemente permanecem as mesmas ou se tornam menos seguras, já que emoções profundas, tais como vergonha ou privação, permanecem.

Como tudo mais sobre dinheiro, lidar com um excedente de fundos reflete hábitos emocionais latentes. Algumas pessoas formulam razões aparentemente racionais para gastar a renda aumentada, tais como liquidar dívidas, fazer consertos necessários em automóveis ou casas, fazer um *upgrade* de seus planejamentos de vida, comprar um novo carro ou produtos "necessários" – comportamento que mantém uma posição habitual não deixando reservas para cobrir despesas inesperadas. Outras reagem ao aumento de fluxo de caixa guardando a maior parte em uma conta poupança ou de previdência estabelecendo, dessa forma, fundos de emergência, mas muito frequentemente, preocupando-se em perder o que ganharam, a ansiedade cresce proporcionalmente ao aumento de fundos excedentes.

No meio do caminho, ao longo do espectro, estão pessoas que gastam uma parte da renda excedente e usam o resto para liquidar a dívida ou depositam em uma conta poupança. Mas mesmo esse comportamento pode causar reações desconfortáveis que vão desde neutralizar a preocupação paralisante sobre o que fazer com o dinheiro excedente até a atividade frenética em busca de investimento de altos juros. Bárbara, por exemplo, tinha pouca confiança em instituições financeiras e regularmente colocava uma parte de sua renda em sua gaveta de roupa íntima, o que também a fazia sentir-se desconfortável. Quando suas provisões totalizaram US$ 7.500, ela decidiu ajudar sua filha a liquidar suas dívidas, aliviada pela perspectiva de não mais ter de decidir o que fazer com seu excedente.

Apesar do fato de que ter um excedente em dinheiro frequentemente contribui para a perpetuação de um padrão financeiro anterior, planejar um aumento de renda antes de ele chegar pode ajudá-lo a lidar mais efetivamente com reações emocionais potenciais e enfrentar medos ocultos que podem desencadear um retrocesso para sua posição financeira anterior. Planejar o que fazer com os fundos excedentes também desperta pensamentos positivos sobre o futuro e confiança sobre independência financeira, possibilitando que seu subconsciente ajude a gerar o dinheiro excedente.

Planejar excedentes significa olhar para opções práticas e tomar decisões múltiplas sobre como gerenciar mais dinheiro. E antes que investimentos ou luxos possam ser considerados, conclusões simples precisam ser tiradas sobre onde colocar economias crescentes e como alocar fundos que chegam, tudo o que pode causar sentimentos de desorientação. Ativar novos comportamentos enquanto planeja o dinheiro excedente, no entanto, pode ajudar a evitar muitos dos desconfortos inesperados que acompanham um melhor posicionamento financeiro, incluindo sentir-se separado de amigos ou oprimido por um repentino influxo de fundos.

Ações

As ações para este exercício são designadas para ajudá-lo a contrapor-se a forças que frequentemente dificultam o desenvolvimento de comportamentos financeiros responsáveis. Introduza-os gradualmente, sempre atento ao potencial para o desconforto ou resistência emocional.

1. Escolha novos comportamentos financeiros

Identifique cinco a dez comportamentos habituais que mantêm você em sua posição financeira atual e selecione um comportamento de substituição para cada um. Por exemplo, se você deixar as contas se acumularem, escolha um sistema para pagá-las enquanto simultaneamente nota suas respostas emocionais e determina sua importância para o futuro sucesso financeiro. Se você habitualmente gasta mais do que ganha, desenvolva um bom plano de fluxo de caixa e use dinheiro ou cheque em vez de crédito. Ou se você costuma emprestar dinheiro, que poderia economizar, para os outros, pare de fazer esses empréstimos.

Para maximizar suas chances de sucesso, trabalhe na mudança de somente um comportamento por vez, percebendo que, como novos hábitos levam um tempo para se desenvolver, um comportamento mudado pode temporariamente retroceder para seu equivalente disfuncional. Se isso acontecer, aceite o retrocesso sem julgamento e totalmente ciente de que a modificação de seu comportamento recomeça sempre que você desejar. Para maior motivação, compartilhe seus comportamentos escolhidos com seu companheiro de prosperidade. A qualquer momento em que a resistência se estabelecer, substitua os PCEs que podem estar incitando-o e liberte-se do seu medo de seguir adiante.

2. Registre seu progresso

Uma vez que você começa a implementar um novo comportamento financeiro, registre seu progresso diariamente em seu diário de prosperidade para manter-se no controle e reforçar a autoconfiança. Uma simples anotação, tal como "Mantive o controle dos meus gastos" ou "Não usei meu cartão de crédito" será suficiente, lembrando-o de sua determinação de alterar hábitos. Considere também decorar sua anotação com estrelas douradas ou outros adesivos para manter sua criança interior motivada. Após concluir a anotação, reconheça seu progresso verbalmente, dizendo a si mesmo, por exemplo: "Você está fazendo um ótimo trabalho".

Para suporte adicional, compartilhe sua anotação diária com seu companheiro de prosperidade por algumas semanas por e-mail ou telefone. Como incentivo adicional, escolha uma recompensa para dar a si próprio após implementar um novo comportamento consistentemente durante um período de tempo especificado, tal como anotar seus gastos diários por duas semanas ou economizar um real por dia durante um mês.

3. Calcule seu fluxo de caixa mensal

Uma contabilidade de seu fluxo de caixa mensal o ajuda a perceber de imediato seus padrões de gastos e rendimentos. Para começar, categorize suas despesas (vide figura 8.1) por um mês e adicione o total em cada categoria, depois insira sua renda para o mês de várias fontes e totalize-a também. Finalmente, desconte suas despesas mensais de sua renda mensal. O número final indicará se você tem um fluxo de caixa positivo ou negativo e quanto de excedente ou déficit você gerou. Usando esse relatório de fluxo de caixa como guia, você pode então ajustar seu gasto para atingir as metas estabelecidas. Se você controlar regularmente seu dinheiro com um programa financeiro de computador, no fim de cada mês gere um relatório de fluxo de caixa.

Embora essa ação possa parecer simples e direta, pensar em comparar rendas e despesas pode desencadear uma reação emocional intensa. Se você experimentar medo ou resistência enquanto estiver calculando seu fluxo de caixa mensal, respire, sejam quais forem as reações que surgirem. Como incentivo para concluir seu relatório, discuta-o ou realmente conclua-o com seu companheiro de prosperidade.

4. Ajuste seu fluxo de caixa mensal

Para converter um fluxo de caixa negativo em um positivo ou aumentar seu excedente, ajuste seu fluxo de caixa mensal – primeiro no papel e depois na prática. Usando seu relatório de fluxo de caixa da ação 3, faça os ajustes desejados:

• Determine se quaisquer despesas estão fora da linha. Por exemplo, as despesas com telefone ou roupa estão muito altas, ou você está gastando muito com entretenimento ou comendo fora? Se sim, encontre formas para cortar os gastos, tal como assinar um plano telefônico mais barato ou fazer menos ligações de longa distância, comprar menos roupas, ir ao cinema com menos frequência ou comer em casa com mais frequência.

Relatório de Fluxo de Caixa Mensal	
Despesas	
Aluguel/Hipoteca	R$
Serviços Públicos	R$
Telefone	R$
TV a cabo	R$
Automóvel	R$
Seguro	R$
Alimentação	R$
Despesas médicas	R$
Vestimenta	R$
Entretenimento	R$
Viagem	R$
Impostos	R$
Pagamento de dívida	R$
Caridade	R$
Poupança	R$
Diversos	R$
Despesas Totais	R$

Renda	
Salário	R$
Outras rendas	R$
Renda Total	R$
Renda *Menos* Despesas	R$

Figura 8.1

• Ao mesmo tempo, considere novas formas de gerar renda, tais como manter um bazar de garagem, assumir um trabalho de meio período ou até mudar de emprego. Se você possui seu próprio negócio, pense em mudar sua estratégia de marketing, aumentar seus preços ou reduzir as despesas.

• Calcule a quantia que você tem condição de alocar para pagamento de dívida sem ficar sem dinheiro. Não se esqueça de que se você fizer somente pagamentos mínimos em cartões de crédito, acabar com sua dívida pode levar muitos anos. Se o nível da sua dívida for muito grande, considere ter um consultor de crédito para ajudá-lo a criar um plano de pagamento.

• Estime com quanto dinheiro você gostaria de contribuir para causas de caridade.

• Para garantir o acúmulo gradual de fundos excedentes, calcule quanto dinheiro você pode reservar para economias, mesmo se for somente um real por semana no início. Decida também onde você abrirá uma conta poupança quando tiver uma quantia razoável de dinheiro, e tome nota disso em seu diário de prosperidade.

• Levando em consideração todas as anotações anteriores, insira os números que você almeja em um relatório de fluxo de caixa mensal ajustado (vide figura 8.2). Retifique os totais, se necessário, para chegar a um fluxo de caixa positivo ou excedente desejado. Melhor ainda, insira o gráfico em um programa de planilha eletrônica que permita que você veja o número final recalculado cada vez que ajustar um número. Pense em seu relatório de fluxo de caixa mensal ajustado como um plano para ativar quando estiver pronto para mudar para um novo nível de responsabilidade financeira.

• Escolha uma data para implementar seu plano de fluxo de caixa ajustado, e conforme ela se aproxima, examine seus sentimentos em relação às mudanças vindouras. Se sentimentos de desconforto ou desorientação surgirem, liberte-se deles antecipadamente por meio das técnicas descritas no exercício 7.

Relatório de Fluxo de Caixa Mensal Ajustado	
Despesas	
Aluguel/Hipoteca	R$
Serviços Públicos	R$
Telefone	R$
TV a cabo	R$
Automóvel	R$
Seguro	R$
Alimentação	R$
Despesas médicas	R$
Vestimenta	R$
Entretenimento	R$
Viagem	R$
Impostos	R$
Pagamento de dívida	R$
Caridade	R$
Poupança	R$

Diversos	R$
Despesas Totais	R$
Renda	
Salário	R$
Outras rendas	R$
Renda Total	R$
Renda menos Despesas	R$

Figura 8.2

5. Inicie práticas direcionadas à meta

Com um olhar em direção à realização de suas metas financeiras, conforme delineado no exercício 4, escreva uma lista de práticas simples que você gostaria de iniciar, tal como comer em casa, desfrutar de um dia "sem gastos", aprender a usar um programa financeiro de computador, atualizar seu currículo ou contribuir para a caridade. Se você tem um negócio, liste práticas básicas que podem ajudá-lo a atingir seus objetivos fiscais, tal como delinear e implementar novas estratégias de marketing, participar de um evento de rede de trabalho ou trabalhar com um orientador financeiro ou responsável pela escrituração contábil. No fim de cada semana, tique a prática que você introduziu e reforce sua sensação de progresso imaginando seu coração cheio de alegria ou usando uma frase positiva para reconhecer-se enquanto imagina as pessoas o parabenizando pela realização.

Redija também uma lista de tarefas que precisam ser feitas regularmente e revise-a pelo menos uma vez por semana. Considere incluir itens como os seguintes:

• Registre todos os cheques e cobranças do cartão de crédito nos registros contábeis.
• Pague as contas assim que elas chegarem.
• Compare o talão de cheques assim que receber o extrato.
• Economize R$ 40,00 por semana.
• Crie um relatório de fluxo de caixa e revise-o no fim do mês.

Se você usar um programa de computador, utilize o recurso "Lembretes" para dizer-lhe quando fazer cada uma das atividades listadas.

6. Lide com sua dívida

Se endividamento caracteriza um de seus comportamentos financeiros disfuncionais, parar de usar o crédito é uma das coisas mais positivas que você pode fazer. Eliminar um hábito de dívida exige forte compromisso para se tornar solvente e ajuste contínuo nas rotinas de gastos, acoplados a uma mudança de pensamento. Por exemplo, se você vê a responsabilidade financeira como restritiva, para alterar seu pensamento você pode começar a vê-la como uma oportunidade de realizar suas metas a longo prazo, e então recompensar-se pelo progresso.

Se sua dívida é significativa, considere deixar um consultor de crédito ajudá-lo a reestruturá-la, talvez a uma taxa de juros reduzida e desenvolver um plano de pagamento viável fazendo acordos razoáveis com os credores. É melhor confiar suas finanças a um indivíduo instruído. Procure por um consultor de crédito cuidadosamente.

7. Economize algum dinheiro regularmente

Uma forma confiável de começar a acumular fundos excedentes é colocar dinheiro regularmente em uma conta poupança. Para começar, economize quantias pequenas diariamente ou semanalmente. Mesmo poucos reais podem gerar autorrespeito e uma sensação de realização. No início, decida o que fará com o dinheiro no futuro, talvez alocando um pouco para uma finalidade específica, como férias, e um pouco para investimentos a longo prazo.

8. Planeje para o excedente

Conforme você começa a acumular dinheiro extra, faça tudo o que for possível para evitar a tentação de gastá-lo, especialmente se você não estiver acostumado a ter fundos excedentes. Um procedimento à prova de falhas é sacar o dinheiro excedente de sua conta corrente e depositá-lo temporariamente em uma conta poupança ou certificado de depósito (CD), fazer um acordo com você mesmo de deixá-lo lá por um determinado período de tempo, como seis meses, ou até totalizar uma determinada quantia. Deixar fundos excedentes em uma conta com juros até você se sentir confortável para investir, eliminará a pressão que você pode de outra forma sentir embarcando em um curso de ação antes de juntar informações suficientes.

Se você já tem uma conta excedente e espera gerar mais renda, mas não está certo sobre como alocá-lo, entreviste vários consultores financeiros e selecione um para orientá-lo efetivamente nessa decisão. Pesquise também possíveis estratégias de investimento, talvez em sua biblioteca local ou na internet. Além disso, comece a pensar criativamente sobre suas opções financeiras. Por exemplo, imagine receber um cheque grande o suficiente para pagar suas dívidas e deixar você com um extra de R$ 20.000,00, então decida como você alocaria o excedente entre, poupança, investimentos e compras. Depois, imagine vários outros cenários de excedente – tal como receber um pagamento anual de R$ 50.000,00, um pagamento mensal de R$ 1.500 ou um pagamento único de R$ 200.000 – planejando estratégias para alocar os fundos, com base na pesquisa que você realizou. Registre os planos em seu diário de prosperidade, prestando atenção em quaisquer novos comportamentos que podem surgir conforme você põe em prática essas opções.

9. Use sua palavra de força para mudar seus PCEs

Estar afinado aos pensamentos, crenças e emoções, produzidos por hábitos relacionados ao dinheiro que você ajusta, aumenta as chances de estabelecer mais comportamentos financeiros responsáveis. A maioria das pessoas sente-se enaltecida e energizada conforme muda seus hábitos financeiros, embora cada alteração geralmente exija um curto período de ajuste. Se durante esse intervalo de tempo você começar a resistir a uma mudança desejada, ative uma mudança em seus PECs expressando afirmações positivas como:

• Eu me liberto da minha resistência de progredir financeiramente. (Palavra de força.)

• Eu me liberto da minha resistência de avaliar meu fluxo de caixa mensal. (Palavra de força.)

• Estou disposto a examinar meus sentimentos em relação a cuidar do meu dinheiro. (Palavra de força.)

• Eu tenho a capacidade de gerar fundos excedentes e cuidar bem deles. (Palavra de força.)

• Eu posso encontrar as pessoas que preciso para me ajudar a cuidar do meu dinheiro. (Palavra de força.)

• Eu me liberto do meu medo de sair da dívida e gerar fundos excedentes. (Palavra de força.)

• Eu tenho a capacidade de sair da dívida e acumular fundos excedentes. (Palavra de força.)

• Eu me permito ganhar mais renda e acumular fundos excedentes. (Palavra de força.)

MELHORANDO suas
Relações Consigo Mesmo
E COM OS OUTROS

EXERCÍCIO 9

Riqueza, assim como a felicidade, nunca é alcançada quando se tenta obtê-la diretamente. Ela vem como um subproduto da prestação de um serviço útil.

HENRY FORD

Co mo sua situação financeira atual reflete suas relações consigo mesmo e com os outros, melhorar essas relações tratando você mesmo de uma maneira mais afetuosa e ampliando seu círculo de amigos e conhecidos é um meio óbvio para aumentar seu potencial para o sucesso financeiro. Pensamentos produtivos, crença em um futuro positivo, expressão emocional autêntica e comportamentos financeiros responsáveis, todos podem melhorar sua relação com você mesmo, enquanto atraem outras situações que refletem seus PCEs em desenvolvimento. E assim como alterar seus pensamentos simultaneamente muda suas crenças e emoções, ajustar suas relações transforma seu conjunto de pensamentos e se expressa em suas finanças.

Tudo se trata de suporte

A consciência sobre a interconexão entre suporte pessoal e suporte financeiro ajuda muito na missão de alcançar a prosperidade. Em momentos de ocupação ou confusão, isso pode mantê-lo em curso lembrando-o que como as situações financeiras frequentemente se espelham em relações pessoais, apoiar a si mesmo e aos outros em todo nível imaginável manifesta-se naturalmente no fluxo de dinheiro. Proprietários de pequenos negócios veem essa reciprocidade em ação, quando clientes que foram tratados repetidamente bem, patrocinam suas lojas ou serviços. Em comparação, as pessoas que se sentem desconectadas de outras e sem um sistema de suporte são frequentemente incomodadas com preocupações financeiras. De fato, muitos indivíduos habitualmente mal remunerados acreditam que eles nunca foram apoiados por seus colegas ou membros familiares. Por causa da profunda influência de suporte, cultivar relações consigo mesmo e com os outros é fundamental para mudar sua posição financeira.

Em geral, um foco centrado nas três principais áreas de suporte – física, emocional e espiritual – leva a melhoras financeiras significativas. Suporte físico implica dar ao corpo o que ele exige para funcionar efetivamente e permanecer saudável. Isso significa comer quantidades moderadas de alimentos frescos e saudáveis; tomar suplementos quando necessário; beber muita água pura; exercitar-se regularmente; dormir o suficiente; e tratar o corpo afetuosamente. O suporte físico também se estende aos fatores externos, tal como o conforto de roupas e sapatos, a condição de moradia e qualidade de ar dentro e fora de casa. Seguir um regime de suporte de bem-estar do corpo provê a energia necessária para otimizar o desempenho físico e mental e reduzir ou eliminar custos médicos, satisfazendo, por fim, a causa do progresso financeiro.

Suporte emocional refere-se a ser autêntico em relação aos sentimentos, superando o medo de autoexpressão, estabelecendo limites para autoproteção e aprendendo a não levar as coisas para o lado pessoal. Isso também exige o desenvolvimento de emoções congruentes com um estilo de vida próspero, tais como sentimentos de segurança, satisfação, confiança e autorrespeito e disposição para deixar de lado a necessidade, a vergonha e outros sentimentos, que enfraquecem a autoestima e o sucesso financeiro. Além disso, o suporte emocional inclui aceitar, valorizar e respeitar a si mesmo – realmente, tornar-se seu maior fã.

Suporte espiritual significa o aprofundamento da relação de alguém com seu eu interior e desenvolver conhecimento sobre si próprio como parte de um todo interconectado. Esse entendimento leva a uma percepção de dinheiro como uma força de energia que tem o potencial de fluir livremente de pessoa para pessoa, despertando a experiência de abundância para todos os que estão dispostos a ver além das limitações autoimpostas. Deste modo, suporte espiritual desencadeia constantemente a percepção de que amor, compartilhamento, perdão e compaixão promovem fluxo financeiro, enquanto medo, ganância, julgamento e acúmulo o bloqueiam.

Prover suporte em todas as três áreas cria uma rota direta para o suporte financeiro. Criar as diversas condições, no entanto, pode exigir alterar múltiplos comportamentos habituais, um esforço que pode durar meses, ou até anos, para se realizar. Felizmente, o progresso é aparente a cada passo do caminho desde que a identidade financeira da pessoa transforme-se em algo novo com cada mudança incremental.

Trate a si próprio como alguém que você ama

Como os PCEs manifestam circunstâncias, pessoas que focam em cuidar de si mesmas, incluindo seu bem-estar fiscal, provavelmente atraem situações em que elas são bem cuidadas. Dessa perspectiva, o resultado final de amar a si mesmo pode ser gerar mais renda. Tratar-se como alguém que você ama para fazer progresso significativo em relação a uma posição financeira mais segura, inclui dedicar-se em uma conversa positiva consigo mesmo, deixar de lado a autocrítica, perdoar-se por comportamentos indesejados no passado e presente, dar ao seu corpo, mente e espírito cuidado de alta qualidade e ver-se com olhos afetuosos e compassivos. A maioria das pessoas que fazem isso automaticamente trata os outros de forma diferente também, e como resultado, obtém respostas mais sustentadoras do mundo à sua volta.

Jerry, por exemplo, começou a se tratar de uma forma mais afetuosa, embora a ideia inicialmente parecesse sentimental para ele e imprópria para seu trabalho competitivo como agente de imóveis. Primeiramente, ele focou em substituir a voz crítica em sua cabeça por uma que soava como seu treinador de futebol do colégio, que sempre o elogiava, o tempo todo o incentivando a melhorar. Então, ele prestou mais atenção à sua dieta; entrou em uma academia, onde malhava três vezes por semana; e implementou uma prática doméstica de meditar por vinte minutos toda manhã antes de começar seu dia de trabalho. Logo percebeu que se sentia melhor no escritório e sua atitude em relação aos clientes parecia mais agradável e tolerante. Embora ele tivesse feito somente algumas mudanças em sua estratégia de marketing, os encaminhamentos começaram a fluir mais do que nunca e fechar negócios se tornou menos estressante. Após cerca de seis meses, Jerry percebeu que estava não só sentindo melhor e fazendo mais dinheiro, como também se divertindo mais – esse é um exemplo de como tratar-se de forma afetuosa pode favorecer o bem-estar e a prosperidade.

Confie em si mesmo

Lidar efetivamente com quantias cada vez maiores de dinheiro exige desenvolver confiança em si mesmo e em suas decisões. Apesar das fantasias das pessoas sobre repentinos influxos de caixa, aquelas cujo padrão financeiro é ter dinheiro somente suficiente ou menos que o suficiente, frequentemente não confiam em sua capacidade de tomar decisões prudentes sobre alocação de fundos. Se isso for verdade sobre você, uma forma de desenvolver mais confiança é aumentar seu conhecimento sobre gerenciamento financeiro. Conforme você constrói confiança em sua capacidade de proteger-se financeiramente, pode ser que pare simultaneamente de se preocupar com os outros que levam vantagem sobre você ou sobre cometer erros sérios que podem levar à perda financeira significativa.

O aumento da confiança pode também ser desenvolvido expressando seu eu autêntico e estabelecendo limites protetores. Embora tomar essas medidas seja às vezes assustador, especialmente para pessoas acostumadas a autoexpressão limitada e limites feitos para agradar os outros, a compensação pode ser imensa em termos de autoconfiança. Duas declarações simples podem ajudá-lo a descobrir seu eu autêntico e perguntar o que você honestamente precisa: "Não é uma frase completa" e "Se um de nós deve estar desconfortável, não tem de ser eu". A primeira declaração permite que você diga não sem explicação e deste modo, determina ativamente os eventos de sua vida. A segunda declaração promove uma tomada de decisão que é de seu melhor interesse em vez de outra pessoa. Muitas pessoas acham que quando começam a tentar achar a si mesmas, sentem-se melhores em relação a quem elas são e notam um melhor autossuporte em muitas áreas de sua vida. Com isso, desenvolve-se uma nova sensação não somente de confiança, mas de merecimento, junto com comportamentos financeiros mais responsáveis e, invariavelmente, receita ampliada.

Quanto a estabelecer limites de proteção para construir confiança, idealmente são estabelecidos com respeito a si próprio e com os outros. Limites pessoais podem incluir colocar limites de gastos, evitar alimentos com muito açúcar, recusar conversas negativas consigo mesmo ou assumir um compromisso de pagar o dízimo com uma porcentagem de sua renda. Limites referentes a outros podem incluir recusar-se a tolerar linguagem ou comportamento que você considera inapropriado, pedir a funcionários de telemarketing para pararem de ligar para você ou dizer não para vendedores insistentes.

Finalmente, a autoconfiança em termos de finanças pode ser desenvolvida fazendo, conscientemente, pequenas mudanças na forma com que você lida com seu dinheiro. Controlar o fluxo de caixa, equilibrar regularmente seu talão de cheques, diminuir gastos frívolos, economizar uma quantia todo mês e outros comportamentos financeiros responsáveis, provavelmente podem, com o passar do tempo, convencê-lo de que você pode realmente ser confiável com o dinheiro.

Relacione-se com outros

Como dinheiro é ligado às pessoas, relacionar-se com outras se torna uma atividade essencial para melhorar situações financeiras. Consequentemente, além de tratar-se de forma afetuosa, desenvolver autoconfiança e estabelecer limites pessoais, a promoção de segurança financeira em um mundo inseguro, exige estabelecer uma rede de trabalho de indivíduos confiáveis que infundem uma sensação de segurança e seguridade. Depois de montar uma rede de trabalho como essa, as pessoas geralmente sentem-se apoiadas e começam a confiar que a vida proverá os recursos exigidos para satisfazer suas necessidades. Desse ponto de vantagem, faria sentido para indivíduos sentarem-se em casa e pensar sobre como gerar mais dinheiro para começar a criar uma rede de trabalho de colegas que apoiam e para pessoas que já têm um amplo círculo de conhecidos ou associados para aprofundar essas relações.

Enquanto foca na rede de trabalho, lembre-se de que dinheiro não necessariamente vem das pessoas com quem você faz contato. Em vez disso, é pelo fato de ter interesses comuns com elas que você amplia sua esfera de influência e aumenta o potencial de interações financeiras úteis. Ao mesmo tempo, como resultado por fazer conexões significativas, você provavelmente vai se sentir mais amado e apoiado, ambos os quais estimulam rotineiramente o aumento do fluxo de caixa.

Existem muitas oportunidades para aumentar as interações com os outros, incluindo participação em organizações afiliadas às instituições religiosas, grupos da rede de trabalho comercial, equipes esportivas, grupos de discussão, programas de Doze Passos ou eventos culturais. Embora menos íntimo do que o contato pessoal, a internet também provê fóruns para conectar-se com outros indivíduos, especialmente em salas de bate-papo.

Para muitas pessoas, esse exercício representa a principal mudança no foco pessoal e, portanto, exige forte dedicação. Se você não está acostumado a concentrar-se em amar a si mesmo e aproximar-se dos outros, aguarde ondas de desorientação. Mas também reconheça que conforme elas são jogadas para fora do mar e você persevera em sua missão, seus esforços, como aqueles que de uma ostra fazem de um grão de areia a pérola da irritação, certamente são para lustrar uma nova identidade – nesse caso, um equilíbrio para maiores recompensas financeiras.

Ações

A principal meta deste exercício é desenvolver relações mais afetuosas e sustentadoras com você mesmo e com os outros como um caminho para melhorar sua relação com o dinheiro. Enquanto trabalha com as ações a seguir, no entanto, não se surpreenda se notar uma abundância de outras alegrias.

1. Comprometa-se com você mesmo

Um relacionamento com você mesmo é essencial para o sucesso. Depois de estabelecer um, o próximo passo é cultivá-lo ativamente concedendo a si mesmo amor, aceitação e gratidão que também levam a um maior fluxo de caixa.

Usando as perguntas a seguir como um guia, pense sobre o que pode significar se comprometer a tornar sua relação consigo mesmo uma prioridade diária.

• Como eu me comportaria se eu fosse comprometido com minha relação comigo mesmo?

• O que eu posso fazer para demonstrar que eu cuido de mim mesmo?

• Quanto tempo e esforço eu estaria disposto a investir na relação?

• Como uma melhor relação comigo mesmo afetará minha posição em meu grupo de colegas e familiares?

• Como uma relação comprometida comigo mesmo pode afetar minha autoimagem?

• O que pode me impedir de me comprometer com minha relação comigo mesmo? Como eu lidaria com esse problema?

Quando você estiver pronto para priorizar sua relação consigo mesmo, celebre o compromisso, talvez com um jantar festivo fora da cidade com um amigo. Também compartilhe o compromisso com seu companheiro de prosperidade e documente-o em letras maiúsculas em seu diário de prosperidade.

2. Trate a si próprio de forma amorosa

Muitas pessoas fantasiam sobre como gostariam de ser tratadas por seus parceiros românticos, sem perceber que elas podem dar a si mesmas o que esperam receber. Além dos bons sentimentos que geram, tratar-se como especial permite satisfazer-se interindependentemente em vez de precisar de relações insatisfatórias de amor codependentes.

Para começar a tratar-se mais afetuosamente, note como você atualmente se comporta em relação a si mesmo em várias situações, então substitua palavras e ações humilhantes por atenciosas. Por exemplo, se você raramente se elogia ao terminar uma tarefa, comece expressando gratidão por seus esforços.

Ao mesmo tempo, comece afirmando seu amor e apoio a si mesmo todos os dias. Enquanto estiver diante do espelho, você pode olhar nos seus olhos e dizer, por exemplo, "(Seu nome), eu amo, aceito e apoio você incondicionalmente, exatamente como você é". Seja qual for a sua afirmação, preste atenção às emoções que ela evoca dentro de você e sua possível contribuição para sua autoestima e mobilidade financeira.

Além disso, faça uma lista de coisas que você deseja que alguém faça para você e determine quais itens você pode realizar sozinho. Sua lista pode ser algo assim:

• Comprar flores para mim.

• Levar-me para jantar.

• Valorizar-me.

- Dizer-me que sou maravilhoso.
- Amar meu corpo.
- Dizer-me que estou bem.

3. Aproxime-se dos outros

Seu nível atual de conforto com outras pessoas provavelmente determinará o ritmo em que você amplia seu círculo de contatos sem se sentir ameaçado. Se a insegurança sobre habilidades sociais faz com que você se isole, para começar a ficar mais próximo dos outros, você pode ter de enfrentar um medo latente de estranhos e uma expectativa de desaprovação. Uma boa forma de superar isso é visitar locais desconhecidos com seu companheiro de prosperidade ou com outro amigo esperando ampliar sua rede de apoio.

Meios efetivos de se aproximar dos outros incluem:

- Frequentar seminários, grupos de discussão, reuniões dos Doze Passos ou conferências profissionais que ofereçam ambientes seguros para compartilhar ideias e preocupações.
- Ser voluntário em hospitais ou organizações sem fins lucrativos, onde você pode atuar como parte de um grupo em uma situação estruturada.
- Participar de uma organização de serviço, como Rotary, Lions Clube ou outra de sua preferência, que fornece oportunidades para o envolvimento da comunidade.
- Tornar-se um mentor para um jovem estudante.

4. Visualize a situação ideal

Enquanto medita, visualize-se cercado de pessoas carinhosas e imagine seu coração se enchendo de amor. O cenário particular pode ser um desses ou qualquer outro de sua escolha:

- Pessoas elogiando você por suas realizações.
- Pessoas lhe entregando uma recompensa pela realização de um serviço comunitário.
- Você participando de um projeto divertido com outras pessoas.
- Frequentando uma reunião com pessoas que têm a mesma opinião que você e sentindo-se confortável.
- Cantando em um coral.
- Tendo uma conversa significativa com alguém que você admira.

5. Faça algo todos os dias para melhorar suas relações

Faça uma cópia da figura 9.1, adicionando outras atividades que o atraem. Então, mantenha-a em um lugar visível como um lembrete para fazer algo todos os dias e aprofundar suas conexões consigo mesmo e com os outros.

6. Use sua palavra de força e incentive a mudança

Como mudar suas relações consigo mesmo e com os outros envolve transformações profundas, exercite rigorosamente os "músculos" que o ajudam a superar a resistência a alterar sua rotina diária. Já que superar a resistência exige determinação e incentivo, use afirmações como as seguintes:

• Eu me permito ser minha primeira prioridade. (Palavra de força.)

• Estou disposto a me tratar de forma afetuosa. (Palavra de força.)

• Eu me liberto da minha necessidade de isolamento. (Palavra de força.)

• Eu me liberto do meu medo de relacionar-me com pessoas desconhecidas. (Palavra de força.)

• Eu me permito me relacionar com outras pessoas sem medo. (Palavra de força.)

• Eu posso me dedicar livremente às outras pessoas e ainda me sentir seguro. (Palavra de força.)

• Estou disposto a me relacionar com os outros. (Palavra de força.)

• Eu me liberto da minha necessidade de me julgar e aos outros. (Palavra de força.)

• Estou disposto a me perdoar. (Palavra de força.)

• Estou disposto a perdoar qualquer um que eu acredito ter me ferido. (Palavra de força.)

• Estou disposto a fazer algo bom para mim mesmo que eu nunca fiz antes. (Palavra de força.)

• Sou simpático e amado. (Palavra de força.)

• Eu me liberto da minha resistência aos hábitos saudáveis. (Palavra de força.)

• Eu me liberto da minha necessidade de resistência. (Palavra de força.)

• Estou disposto a mudar totalmente para minha nova identidade financeira. (Palavra de força.)

Apesar do esforço necessário para superar a resistência, superá-la resultará em um potencial muito maior para seu futuro financeiro.

Melhorando Relações Consigo Mesmo e com os Outros	
Gastar tempo com você mesmo todos os dias.	Beber muita água pura.
Fazer de si mesmo sua primeira prioridade.	Respirar e centrar-se.
Tratar-se como alguém que você ama.	Comer alimentos coloridos e saudáveis.
Perdoar você mesmo e os outros.	Ter uma boa noite de sono.
Ser honesto e aceitar quem você é.	Estar disposto a deixar de lado.
Cuidar do seu dinheiro.	Arrumar sua bagunça.
Dizer não, quando você quiser.	Acariciar um cachorro ou um gato.
Divertir-se e rir.	Dar tempo e dinheiro aos outros.
Economizar energia e dinheiro para si mesmo.	Ser gentil com os outros.
Elogiar a si mesmo.	Ser paciente com os outros.
Ser paciente consigo mesmo.	Ver os outros como crianças carentes que precisam do seu amor.
Aprender algo novo sobre finanças.	Não ser crítico.
Valorizar-se.	Apoiar os outros para serem quem eles são.

Expressar-se.	Estar disponível para os outros.
Despedir seu pai crítico.	Sorrir para alguém que você não conhece.
Brincar com sua criança interior e amá-la.	Elogiar um amigo.
Sair para uma caminhada revigorante.	Oferecer ajuda a um estranho.

Figura 9.1

Para começar a tratar-se mais afetuosamente, note como você atualmente se comporta em relação a si mesmo em várias situações, então substitua palavras e ações humilhantes por atenciosas. Por exemplo, se você raramente se elogia ao terminar uma tarefa, comece expressando gratidão por seus esforços.

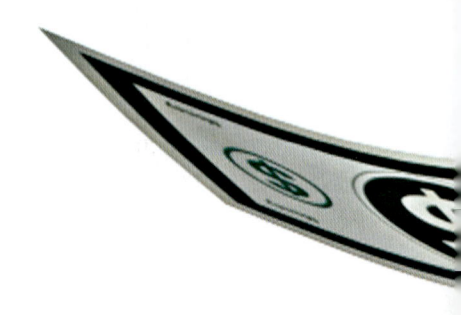

Nova Identidade

FINANCEIRA

Es te programa de aptidão financeira, como qualquer rotina amigável para iniciantes para otimizar a saúde física central, exige um compromisso para a vida inteira. A curto prazo, no entanto, somente pequenos incrementos de tempo são necessários – tudo dedicado para fortalecer e assegurar sua identidade financeira emergente. No fim, não é tanto a quantidade e consistência de atenção dadas para cuidar do seu dinheiro e a si mesmo que determinam a diferença entre o sucesso financeiro contínuo e um retorno para velhos hábitos disfuncionais.

Diariamente, de dez a trinta minutos alocados para gerenciamento financeiro são geralmente suficientes para fortificar o florescimento de uma identidade financeira. Para melhores resultados, considere cuidar dessas tarefas no mesmo horário todos os dias, como a primeira coisa de manhã ou no fim do seu dia de trabalho. Comece registrando em seu programa financeiro de computador, os cheques emitidos, cobranças de cartão de crédito acumuladas e renda recebida. Também pague as contas e agende o pagamento de contas recém-chegadas. Se seu extrato bancário ou fatura do cartão de crédito chegaram recentemente, concilie também a conta, um procedimento que leva somente alguns minutos com o software financeiro, especialmente se tiver inserido fielmente as quantias gastas e recebidas. Toda vez que você fizer uma dessas tarefas, monitore seus PCEs e altere qualquer um que possa estar impedindo você de progredir. Se enquanto revisa sua fatura do cartão de crédito você se sentir envergonhado ou culpado pelas despesas registradas, por exemplo, planeje substituir seu hábito de comprar no crédito por comportamentos mais responsáveis, tais como emitir cheques ou pagar os itens com dinheiro.

Semanalmente, cuidar de seu dinheiro exige o mesmo tipo de eficiência. Primeiramente, lembre-se de gerar um relatório de fluxo de caixa, depois, analise a relação entre sua renda e despesas e ajuste seu gasto, se necessário. Além disso, dedique uma hora ou duas para ler publicações financeiras; conversar sobre investimentos com amigos, seu companheiro de prosperidade ou um consultor financeiro; e pesquisar oportunidades de investimento, simulação de negócio ou fazer investimentos reais. O tempo todo, continue a notar seus pensamentos e sentimentos sobre dinheiro, libertando-se de qualquer negatividade ou desconforto que surgir.

Juntamente com as tarefas semanais e diárias que você se compromete a apoiar sua mudança de identidade financeira, algumas surpresas podem surgir também. Você pode se pegar limpando armários, por exemplo, ou melhorando a mobília, comprando em lojas desconhecidas, mudando-se para uma nova casa ou apartamento, ou ampliando seu círculo de amigos. Tente não ficar perturbado por esses ou outros comportamentos não planejados; mas sim, veja-os como indicações de que você está de fato mudando. Nessa mudança, como o filósofo espiritualista Jiddu Krishnamurti do século XX frequentemente sugeria, tanto o observador como o observado, distanciam-se de suas velhas identidades e abrem caminho para a nova.

Outro resultado de manter ativamente a sua identidade emergente é a maior segurança sobre as decisões financeiras que você toma. Com progresso contínuo, você provavelmente acordará com a percepção de que o espectro total de potencial financeiro está aberto para você. E, na verdade, o que você sonhar alcançar será seu; deseje acumular grande riqueza ou simplesmente aumentar seu patrimônio com uma quantia modesta, o que vai lhe permitir desfrutar mais dos prazeres da vida. Você precisa apenas manter o controle, aprofundando continuamente sua relação com o dinheiro e consigo mesmo. Você merece o melhor que a vida tem para oferecer – portanto, assegure-se de conseguir isso.

...não é tanto a quantidade e consistência de atenção dadas para cuidar do seu dinheiro e a si mesmo que determinam a diferença entre o sucesso financeiro contínuo e um retorno para velhos hábitos disfuncionais.

Leitura Sugerida

BELSKY, Gary; GILOVICH, Thomas. *Why smart people make big money mistakes and how to correct them.* New York: Simon & Schuster, 1999.

BRADLEY, Susan. *Sudden money*: managing a financial windfall. New York: John Wiley & Sons, 2000.

BRADSHAW, John. *Healing the shame that binds you.* Deerfield Beach, FL: Health Communications, 1988.

CAPACCHIONE, Lucia. *Recovery of your inner child.* New York: Simon & Schuster, 1991.

CHATZKY, Jean. *You don't have to be rich.* New York: Penguin Group, 2003.

CHOPRA, Deepak. *The seven epiritual laws of success.* Novato, CA: New World Library, 1993.

COVEY, Stephen R. *The 7 habits of highly effective people.* New York: Simon & Schuster, 1989.

EKER, Harv T. *Secrets of the millionaire mind.* New York: Harper Business, 2005.

HILL, Napoleon. *Think & grow rich.* New York: Fawcett Crest, 1960.

HUNT, Mary. *Debt-Proof living*: the vomplete guide to living financially free. Nashville, TN: Broadman & Holman, 1999.

JEFFERS, Susan. *Feel the fear and do it anyhow.* New York: Ballantine, 1988.

KINDER, George. *The seven stages of money maturity:* understanding the spirit and value of money in your life. New York: Dell, 2000.

KIOSAKI, Robert T. *Rich dad, poor dad.* New York: Warner Books, 1999.

MUNDIS, Jerrold. *Making peace with money.* Kansas City, MO: Andrews McMeel Publishing, 1999.

MURPHY, Dr. Joseph. *The power of your subconscious mind.* New York: Bantam Books, 2001.

NEMETH, Maria. *The energy of money*: a spiritual guide to financial and personal fulfillment. New York: Ballantine, 1998.

NIMS, Larry; SOTKIN, Joan. *Be set free fast!* Santa Fé, NM: Prosperity Place, 2002.

ORMAN, Suze. *The courage to be rich*: creating a life of material & spiritual abundance. New York: Riverhead Books, 1999.

PERT, Candace. *Molecules of emotion*: the science behind body-mind medicine. New York: Simon & Schuster, 1997.

RUIZ, Don Miguel. *The four agreements*: a practical guide to personal freedom. San Rafael, CA: Amber-Allen Publishing, 1997.

STANLEY, Thomas J. *The millionaire mind.* Kansas City: Andrews McMeel, 2000.

TWIST, Lynne. *The soul of money*: transforming your relationship with money. New York: W. W. Norton, 2003.

Sucessos de
ZIBIA GASPARETTO

Crônicas e romances mediúnicos.
Mais de nove milhões de exemplares vendidos.
Há mais de dez anos, Zibia Gasparetto vem se mantendo na
lista dos mais vendidos, sendo reconhecida como uma das autoras
nacionais que mais vendem livros.

CRÔNICAS: SILVEIRA SAMPAIO

Pare de Sofrer
O Mundo em que Eu Vivo
Bate-Papo com o Além
O Repórter do Outro Mundo

CRÔNICAS: ZIBIA GASPARETTO

Conversando Contigo!
Eles Continuam Entre Nós

AUTORES DIVERSOS

Pedaços do Cotidiano
Voltas que a Vida Dá

ROMANCES: LUCIUS

O Amor Venceu
O Amor Venceu (em edição ilustrada)
O Morro das Ilusões
Entre o Amor e a Guerra

O Matuto
O Fio do Destino
Laços Eternos
Espinhos do Tempo
Esmeralda
Quando a Vida Escolhe
Somos Todos Inocentes
Pelas Portas do Coração
A Verdade de Cada Um
Sem Medo de Viver
O Advogado de Deus
Quando Chega a Hora
Ninguém é de Ninguém
Quando é Preciso Voltar
Tudo Tem Seu Preço
Tudo Valeu a Pena
Um Amor de Verdade
Nada é Por Acaso
O Amanhã a Deus Pertence
Onde Está Teresa?
Vencendo o Passado

Sucesso de SILVANA GASPARETTO

Obra de autoconhecimento voltada para o universo infantil. Textos que ajudam as crianças a aprenderem a identificar seus sentimentos mais profundos tais como: tristeza, raiva, frustração, limitação, decepção, euforia etc., e naturalmente auxiliam no seu processo de autoestima positiva.

Fada Consciência

Sucessos de
LUIZ ANTONIO GASPARETTO

Estes livros vão mudar sua vida!
Dentro de uma visão espiritualista moderna, estes livros vão ensiná-lo a produzir um padrão de vida superior ao que você tem, atraindo prosperidade, paz interior e aprendendo acima de tudo como é fácil ser feliz.

Atitude

Faça Dar Certo

Se Ligue em Você (adulto)

Se Ligue em Você – nº 1 (infantil)

Se Ligue em Você – nº 2 (infantil)

Se Ligue em Você – nº 3 (infantil)

A Vaidade da Lolita (infantil)

Essencial (livro de bolso com frases de autoajuda)

Gasparetto (biografia mediúnica)

Prosperidade Profissional

Conserto Para uma Alma Só (poesias metafísicas)

Para Viver Sem Sofrer

Série AMPLITUDE

Você está Onde se Põe
Você é Seu Carro
A Vida lhe Trata como Você se Trata
A Coragem de se Ver

CALUNGA

"Um Dedinho de Prosa"
Tudo pelo Melhor
Fique com a Luz...
Verdades do Espírito

OUTROS AUTORES (Nacionais)

Conheça nossos lançamentos que oferecem a você as chaves para abrir as portas do sucesso, em todas as fases da sua vida.

LOUSANNE DE LUCCA
Alfabetização Afetiva

MARIA APARECIDA MARTINS
Primeira Lição – "Uma cartilha metafísica"
Conexão – "Uma nova visão de mediunidade"
Mediunidade e Auto-Estima

VALCAPELLI
Amor Sem Crise

VALCAPELLI E GASPARETTO
Metafísica da Saúde
> Vol. 1: sistemas respiratório e digestivo
> Vol. 2: sistemas circulatório, urinário e reprodutor
> Vol. 3: sistemas endócrino (incluindo obesidade) e muscular
> Vol. 4: sistema nervoso (incluindo coluna vertebral)

FLAVIO LOPES
A Vida em Duas Cores

MECO SIMÕES G. FILHO
Eurico um urso de sorte (infantil)
A Aventura Maluca do Papai Noel e do Coelho da Páscoa (infantil)

RICKY MEDEIROS
A Passagem
Quando Ele Voltar
Pelo Amor ou Pela Dor...
Vai Amanhecer Outra Vez
Diante do Espelho

LEONARDO RÁSICA
Fantasmas do Tempo – Eles Voltaram Para Contar
Luzes do Passado

MAURÍCIO DE CASTRO (PELO ESPÍRITO HERMES)
O Amor Não Pode Esperar

VERA LÚCIA CLARO
Stef – A Sobrevivente

LILIANE MOURA
Viajando nas Estrelas

LUCIMARA GALLICIA
Sem Medo do Amanhã

MÁRCIO FIORILLO (DITADO POR MADALENA)
Em Nome da Lei

MARCELOCEZAR (DITADO POR MARCO AURÉLIO)

A Vida Sempre Vence
Só Deus Sabe
Nada é como Parece
Nunca Estamos Sós
Medo de Amar
Você Faz o Amanhã
O Preço da Paz
Para Sempre Comigo
A Última Chance

MÔNICA DE CASTRO (DITADO POR LEONEL)

Uma História de Ontem
Sentindo na Própria Pele
Com o Amor não se Brinca
Até que a Vida os Separe
O Preço de ser Diferente
Greta
Segredo da Alma
Giselle – A Amante do Inquisidor
Lembranças que o Vento Traz
Só por Amor

OUTROS AUTORES (Internacionais)

Arrisque-se para o novo e prepare-se para um surpreendente caminho de autodescoberta.

JOHN RANDOLPH PRICE
O Livro da Abundância

SANDRA INGERMAN
Resgate da Alma
Cure Pensamentos Tóxicos

SANKARA SARANAM
Deus Sem Religião

ELI DAVIDSON
De Derrotada a Poderosa

INFORMAÇÕES
E VENDAS

Rua Agostinho Gomes, 2312
Ipiranga • CEP 04206-001
São Paulo • SP • Brasil
Fone / Fax: (11) 3577-3200 / 3577-3201
E-mail: editora@vidaeconsciencia.com.br
Site: www.vidaeconsciencia.com.br